I0421202

La Gallina di Pericle

ALESSANDRO FERLOSIO

Copyright © 2015 Alessandro Ferlosio

All rights reserved.

ISBN: 1519350554
ISBN-13: 978-1519350558

DEDICA

Scrivere un libro è una cosa difficile. Non so se alla fine sarò riuscito nel mio intento. Scrivere un libro ti fa esporre, mettere in discussione. Scrivere un libro è pericoloso perché chi scrive si sottopone al giudizio ed alle critiche, mentre chi legge rimane difeso dietro al parapetto dell'anonimato. Un libro racchiude le idee, l'anima, i sentimenti, le emozioni, le speranze, la rabbia e la frustrazione, la gioia e l'orgoglio, di chi lo scrive. E non è facile spargere delle pagine con delle parole: raramente esse comunicano l'esatto l'intento dell'autore. Solo le penne più sublimi riescono in questo. Armonizzare il significato ed il significante, cioè gli argomenti che scrivi con i costrutti sintattici, le scelte lessicali e il dipanarsi dei capitoli, adatti, è una cosa che riesce solo ai migliori. Mi vengono in mente Dante Alighieri, Alessandro Manzoni, William Shakespeare, Ernest Hemingway, Stephen King, Oscar Wilde, Franz Kafka, Vladimir Nabokov, Anton Checov, Rabindranath Tagore, Gustave Flaubert, Fëdor Dostoevskij, Gabriel Garcia Marquez, Mary Shelley, le sorelle Brönte, Isabelle Allende, Joanne Rowling, Virginia Woolf, Agatha Christie, Jane Austin, solo per citarne alcuni tra uomini e donne di ogni parte del mondo. Intendiamoci: non è che se non hai il talento di questi geni non hai il diritto di scrivere. Tutt'altro. Aspirare a questi esempi, come in ogni campo d'azione rapportarsi ai primi della classe, fa bene. Fa migliorare. Non bisogna sentirsi annichiliti. Però, voglio dire che riuscire ad entrare nel cuore del lettore, donandogli esattamente ciò che hai in mente, è difficilissimo! Fraintendimenti, incomprensioni, proiezioni di stati d'animo, distrazioni, orgoglio. Sono solo alcuni degli ostacoli che impediscono al messaggio di chi scrive di giungere a destinazione, senza distorsioni. Solo i migliori hanno saputo evitarli. Ed io certo non figuro in questo elenco. Ecco perché scrivere un libro è massacrante, anche a livello fisico. Tenere la concentrazione sullo stesso obiettivo in maniera frastagliata, per giorni, settimane, mesi. Riuscire a far scorrere le dita velocemente a sufficienza per tener dietro ai pensieri. Tornare indietro a leggere quanto scritto, mettendosi nudo davanti allo specchio in modo da trovare i difetti e correggerli, se possibile. Non è facile. Per niente.

Ecco perche dedico a mia moglie Veronica e a mia figlia Sara tutto ciò. Perché ci ho messo tutto me stesso. Perché ho dato tutto. Per loro. Per il loro futuro. Perché possano percepire la sensazione calda e rassicurante che il loro uomo si sta prendendo cura di loro, le protegge, assicura loro un futuro roseo, o almeno fa di tutto per questo.

Per voi mie gioie, affronto questo impegno, questa sfida.

Per il vostro presente ed il vostro futuro.

Non so se riuscirò nel mio intento, ma almeno potrete dire con orgoglio: <ha dato tutto, per noi!>.

Dedico infine questo libro a chi soffre quotidianamente le disparità materiali e morali che i sistemi sociali creano. Lo dedico a tutti coloro i quali viene negata la dignità del vivere, ogni giorno. A tutti coloro che subendo la finzione imposta delle risorse scarse, permettono, loro malgrado, uno stile di vita eccessivo e sprecone a porzioni ridotte di popolazione. Ai poveri ed ai nuovi poveri: coloro, ossia, che in occidente ed in ogni parte del mondo combattono letteralmente con la sopravvivenza, come tutte quelle migliaia di persone che, attraversando il mediterraneo, affrontano la morte pur di vedere rinascere la speranza di dignità; e poi tutti gli appartenenti alla generazione *milleeuro*, quelli, insomma, che talento o no, titoli di studio o no, non riescono a costruire una vita personale, professionale né sociale per via dell'impossibilità di entrare nel mondo del lavoro come merita ogni Uomo. Vi dedico questo libro perché a volte non si riesce neanche a capire come mai ci si trova in situazioni sub-umane ed io, attraverso queste pagine, desidero spiegarvi come stanno le cose. Voglio inoltre indicare una via per uscire da questa crisi: essa non vuole avere la pretesa di essere la Soluzione con la "s" maiuscola, bensì essere uno stimolo al miglioramento ed un invito al confronto, coinvolgendo un numero sempre crescente di individui, resi consapevoli e responsabili della condizione esistenziale e sociale.

INDICE PROGRESSIVO

17 Costo, valore e valore del valore. Roma, . Oggi

18 Cumannari è megghiu ca futtiri. Roma, Oggi

19 Roma, 8 aprile 2005

20 Non si capisce perché. Roma, Oggi

21 M.C. Escher. Roma, Oggi

ANTEFATTO: QUALCOSA NON TORNA
ROMA, MARZO 2013

Lo facciamo sempre, di continuo. Tutti.

Neanche ce ne accorgiamo e il problema è proprio che non ce ne accorgiamo, a volte.

Guardiamo la luna e vediamo gli occhi, il naso, la bocca invece di gradazioni diverse di colore.

Guardiamo le nuvole e vediamo profili di animali. Guardiamo una persona e dal suo tatuaggio, abbiamo la pretesa di incasellare la sua personalità in schemi precostituiti.

Il nostro cervello, in automatico per essere più veloce, consumare meno energia, in una parola essere più efficiente, riduce la complessità, dà senso a cose che altrimenti sarebbero troppo complesse. Alla parte cosciente del nostro cervello non piace non capire le cose; così quella involontaria, istintiva, che ci vuole bene e vuole proteggerci, ci restituisce prima possibile una versione decodificata della realtà.

Insomma valuta, giudica i fatti, prima di conoscerli davvero, per comodità e sicurezza. Pre-giudizi. Pregiudizi.

Una trovata davvero efficiente dell'evoluzione, anche efficace, ma non sempre. E se non siamo consapevoli di quando questo pilota automatico entra in funzione, a volte possono esserci dei problemi.

Il fatto è che è assurdo pensare di avere coscienza di cose involontarie.

Ma non sempre è un male.

Un giorno, ad esempio, stavo giocando con Sara, mia figlia, era marzo del 2013 e la mia parte istintiva ha creato la sua sintesi dei fatti che influenzano la mia vita quotidiana. Non ci stavo pensando, apparentemente. Ed invece ecco che da pochi elementi il cervello completa il quadro. Di nuovo, i crateri lunari che, creando differenze nella rifrazione della luce, appaiono come un volto umano...
Ridurre la complessità, sintetizzare gli elementi, creare dei modelli della realtà con cui confrontarla per rimediarne giudizi di valore, in modo da capire che pesci prendere.

Accade di continuo, accade a tutti.

A volte, se sei bravo, se hai fortuna, se il talento e la fantasia ti sono stati donati, ti balza in mente un modello per rappresentare le differenze tra gli esseri viventi, talmente efficace ed utile che ti danno il premio Nobel: è successo a Watson e Cric per essersi inventati il modello a doppia elica che rappresenta il DNA, cioè la sequenza delle informazioni chimiche che determinano le caratteristiche di ciascuno di noi.

A volte. Se sei bravo...

La maggior parte delle altre volte, questa attività di sintesi, serve solo a costruire strumenti. Gli strumenti servono per fare qualcosa, risolvere problemi, aggiustare.

Certo, se ti danno il Nobel è perché hai risolto un problema grande, ma a volte i problemi peggiori sono quelli banali, di tutti i giorni.

Il professore durante la prima lezione del corso di Sociologia 1, ci disse che la Sociologia, come scienza sociale, nasce nel momento in cui qualcosa non torna. Intendeva dire che quando guardiamo alla nostra realtà e qualcosa non riusciamo a spiegarci come sia possibile, ecco che nasce la Sociologia. La Sociologia è una scienza che crea strumenti per comprendere fenomeni sociali come la Politica, l'Economia, la Religione, l'Arte.

La scienza, di fatto, non è niente altro che la nobilitazione di una nostra caratteristica cerebrale.
La scienza altro non è che l'istituzionalizzazione e quindi la validazione di un tipico modo di pensare umano.

La scienza porta alla luce della ribalta i pensieri che nascono al buio dell'inconscio.
La scienza rende consapevole ciò che non lo è.

Tutto ciò accade perché ogni affermazione è controllabile, è pubblicabile, è riproducibile. Insomma ogni affermazione è scienza se è condivisibile e comprensibile da tutti.

Il pregiudizio non è scienza.
Il pregiudizio non è condivisibile.

Nel marzo del 2013, con buona pace delle Barbie di Sara, ho acceso il pc e ho cominciato a scrivere la mia sintesi.
Poi, la polvere ha iniziato a depositarsi sopra la mia sintesi...

Non sapevo cosa farmene e così non l'ho fatta leggere a nessuno.

Qualcuno l'ha letta, anzi. <Bravo, che bello> mi hanno detto.
Continuavo a non sapere cosa farne.

Così come quel giorno di marzo mi venne in mente di scrivere certe cose, allo stesso modo, una mattina di fine novembre del 2013, mi viene in mente di depositare il testo alla SIAE. Non si sa mai, mi sono detto.

Più o meno negli stessi giorni e precisamente il 24 novembre 2013, il santo Padre Francesco pubblica l'esortazione apostolica Evangelii Gaudium.

Sempre a fine novembre faccio una camminata fino a via della Conciliazione ed in una libreria, mi procuro il libretto dell'ultima pubblicazione del Papa.

Normalmente impiego qualche giorno per leggere pubblicazioni di questo tipo, ma questa volta è capitato che non inizio a leggerlo per oltre 3 mesi e che quando lo faccio, ho un ritmo lentissimo, senza convinzione.
E' un periodo che sto facendo un lavoro che non conosco, che non mi piace, che non dà soddisfazione, e che porta pochissimo denaro. Vacillo sotto il peso della crisi economico-sociale che induce un mio personale stato di crisi. E non ho la forza mentale neanche per leggere le parole di speranza che il Papa Francesco ci dedica così spesso.

L'inverno passa, arriva la primavera 2014, la crisi morde più di prima ma a maggio però mi torna la voglia di leggere.

Meno male che andai alla SIAE a depositare il testo che scrissi ormai più di un anno prima!
Meno male...

Il testo del Papa non gira attorno ai nessi di cui parla il mio scritto, tuttavia spesso riporta ragionamenti che ne ricalcano la logica.

Prendo coraggio e fiducia da questo e così faccio leggere a qualche persona in più il mio libercolo. Tra queste perfino un sacerdote ed un professore universitario: loro per primi, poi tutti gli altri, non sanno che farsene.

Il tempo passa e la crisi uccide gli animi, compreso il mio: il mio libercolo, torna a prendere polvere!

Passa pure un altro inverno e ritorna ancora la primavera: siamo nel 2015. Il giorno di Pentecoste, 24 maggio, Franciscus, pubblica la lettera enciclica Laudato Si. I notiziari avevano anticipato l'evento, svelandone il contenuto: come Francesco d'Assisi nel cantico dei cantici, il papa vuole parlare del creato, la casa comune. Un'enciclica, l'attendo sempre in fermento d'animo, ma questa volta non vedo l'ora di leggere!

Meno male che andai alla SIAE...

Con oltre 2 anni di anticipo giunsi ad una sintesi che oggi papa Francesco propone urbi et orbi.
Bella soddisfazione... assomiglia ad una vittoria di Pirro!

Questa crisi, produce situazioni strane, o forse solo le acuisce, forse crea solo la sensibilità per accorgersene. I giovani non riescono a diventare maturi socialmente, i vecchi lasciano eredità etico-politiche ingombranti. I giovani a quarant'anni sono ancora precari nel portafoglio e nel pensiero. I vecchi o fanno i conti con una pensione ridicola, o comprano calcolatrici più potenti per calcolare pensioni immense. I giovani non hanno più fantasia, frustrati dai continui dinieghi dei vecchi. I vecchi, forse non l'hanno mai avuta...
Serve coraggio e fantasia per innovare. Ma dal dopo guerra ad oggi,

tutte le rivoluzioni culturali, politiche e economiche, di fantasia non ne hanno avuta poi molta, coraggio, invece, quello si.

Pensiamo alla liberalizzazione del sesso: coraggio, certo, ma sai che fantasia?

Le picconate al muro di Berlino? e ci voleva un genio per immaginare di farlo?

LS 131

Il richiamo alla fantasia ed alla creatività compare anche nelle pagine scritte dal papa *[…] Affermava che la Chiesa apprezza l'apporto «dello studio e delle applicazioni della biologia molecolare, completata dalle altre discipline come la genetica e la sua applicazione tecnologica nell'agricoltura e nell'industria». [110] Benché dicesse anche che questo non deve dar luogo ad una «indiscriminata manipolazione genetica»[111] che ignori gli effetti negativi di questi interventi. Non è possibile frenare la creatività umana. Se non si può proibire a un artista di esprimere la sua capacità creativa, neppure si possono ostacolare coloro che possiedono doni speciali per lo sviluppo scientifico e tecnologico, le cui capacità sono state donate da Dio per il servizio degli altri. Nello stesso tempo, non si può fare a meno di riconsiderare gli obiettivi, gli effetti, il contesto e i limiti etici di tale attività umana che è una forma di potere con grandi rischi. […]*

Qualcosa non torna; gli strumenti del passato non aiutano più, anzi ci impediscono di rinnovarci.

La fantasia!

Einstein diceva che la creatività è composta da fantasia e concretezza: immaginazione e sudore.

Immaginiamo ancora che la luna abbia occhi e bocca... ecco la sintesi!

Ci vuole fantasia, ci vuole un modello che interpreti le nuove dinamiche sociali; strumenti nuovi per sfide ed emergenze nuove.

Qualcosa non torna, meno male che andai alla SIAE!

INDICE PROGRESSIVO

17   Costo, valore e valore del valore. Roma, Oggi

18   Cumannari è megghiu ca futtiri. Roma, Oggi

19   Roma, 8 aprile 2005

20   Non si capisce perché. Roma, Oggi

21   M.C. Escher. Roma, Oggi

2 SOTTO GLI OCCHI
ROMA, OGGI

Se vuoi nascondere qualcosa, mettilo sotto gli occhi di tutti. In effetti, per quanto a volte ti impegni a nascondere qualcosa, sembra che tutti vedano proprio solo quello. Lasciare con non curanza qualcosa alla luce del sole, ben inserita nel contesto che la circonda, chissà perché, le garantisce il miracolo del mimetismo.

Quante volte ci è capitato di non vedere qualcosa che ci è proprio sotto il naso? a volte pure sopra... Una volta ho urlato da una stanza all'altra a mia moglie se sapeva dov'erano finiti i miei occhiali e dopo averli cercati per un po', ho dovuto constatare di averli ben inforcati sul naso... Eppure non li vedevo!

Sono diversi anni, che è sotto gli occhi di tutti, eppure nonostante si subiscano gli effetti di qualcosa (chiamalo "qualcosa"...) che non torna, non si vede (o non si vuole vedere) qual'è l'origine.

Alcuni anni fa, mi è capitato per un periodo di collaborare con un'Associazione fondata negli anni '70, rivolta ai giovani: la sua missione era ed è quella di far crescere i giovani. L'intento viene perseguito anche insegnando ai ragazzi a scrivere articoli di giornale. Infatti l'associazione ha un giornale telematico quindicinale, sul quale compaiono gli articoli di giovani aspiranti giornalisti, che, sostenuti da giornalisti di professione, seguono il percorso che li porta all'esame da pubblicisti.

Dai giovani coinvolti nell'Associazione, è stato fondato anche l'Osservatorio sulle Strategie Europee per la Crescita e l'Occupazione, che a sua volta ha un giornale (cartaceo) che si chiama Synthesis.

Il suo fondatore mi chiese di scrivere qualche articolo per Synthesis, in qualità di sociologo dell'economia. Accettai.

Era l'estate del 2009 e non era certo il mio articolo a dire al mondo che qualcosa non tornava...

Economia senz'anima.

Il filosofo e sociologo tedesco Theodor Adorno riteneva che <Anche l'uomo più miserabile è in grado di scoprire le debolezze del più degno, anche il più stupido è in grado di scoprire gli errori del più saggio>; probabilmente aveva ragione nell'individuare una dinamica sociale diffusa: ci viene più facile stigmatizzare gli errori, piuttosto che spendere energie per correggerli. Insomma Adorno forse intendeva dire che chiunque è in grado di puntare il dito su qualcosa che non va, mentre altra faccenda è proporre soluzioni.

Il 14 luglio del 1789 Parigi insorgeva ponendo le radici della democrazia occidentale; il 14 luglio del 1902, senza cause apparenti, il campanile di S. Marco a Venezia cedeva rovinando a terra; il 14 luglio del 1933 in Germania veniva messa al bando ogni forma di espressione politica diversa da quella nazista. Sarà il caldo, saranno coincidenze, ma il 14 luglio succede sempre qualcosa: l'anno scorso un asteroide passò minacciosamente vicino alla terra. Ma il 14 luglio del 2008 lo ricordiamo anche perché potrebbe convenzionalmente essere preso come il giorno in cui iniziò la Grande Crisi del nuovo millennio. Le testate giornalistiche di tutto il mondo, diffondevano la notizia che il Tesoro statunitense sarebbe stato disposto a varare un piano per finanziare l'acquisto di parte del capitale sociale delle società finanziarie Fannie Mae e Freddie Mac. Si trattava di 2 agenzie semigovernative che erogavano mutui a tassi agevolati. Quella notizia però sortì l'effetto opposto: le borse americane cominciarono a crollare perché quelle 2 agenzie avrebbero dovuto garantire circa 5300 miliardi di dollari di debiti, pari alla metà dei debiti contratti per comprare case negli USA. La flessione fece perdere il 14% anche al gigante Lehman Brothers. Troppa facilità di erogazione di prestiti, pochissime garanzie, un livello di solvibilità decisamente basso, tutto questo ci fece capire che c'era aria di tempesta ma le soluzioni del governo americano non convincevano allora, figuriamoci ora col senno del poi. Effettivamente l'idea di contrarre un debito per saldarne un altro ricorda molto la coperta di Paperino che più la tiri più ti scopri. Ecco perché mi tornava alla mente Adorno...

Il 26 luglio il mondo scopre che altre 2 banche sono fallite, e siamo a sette, in tutto.... E' la volta di First National Bank of Nevada e di First Heritage Bank. L'ente statale di controllo sul denaro circolante negli USA, riscontrando l'inadeguatezza a far fronte al credito erogato, decise di dichiarare il loro fallimento.

Tutti vedevano che il sistema finanziario si stava sgretolando, nessuno riusciva ad indicare una via di uscita e infatti il 15 settembre 2008, il guinness dei primati registrava il debito più alto mai contratto: 613 miliardi di dollari. Una voragine senza fine: è la volta di Lehman Brothers.

Il danno è fatto: si passò il punto di non ritorno e i governi di tutto il mondo ufficializzarono la crisi!

Parallelamente a questo, è interessante notare l'andamento dei prezzi dei carburanti: in Italia un litro di benzina non costò mai quanto il 16 luglio del 2008: dopo mesi di ascesa, il valore raggiunse 1,558€. Sia per il costo eccessivo, sia per la crisi della liquidità finanziaria, si cominciò a ridurre i consumi facendo contrarre la domanda di petrolio. Quindi, ecco che il prezzo della benzina lentamente cominciò a scendere. Il 27 di ottobre del 2008 mediamente in Italia un litro costava 1,291€, ma eravamo già in piena crisi e tutti sapevamo che il peggio doveva ancora venire, mentre le parole di Adorno continuavano a suonarmi nelle orecchie... In Europa la Bce ha abbassato il costo del denaro costantemente fino ad oggi per cercare di arginare gli effetti devastanti che la crisi ha avuto sulla disoccupazione e sul potere d'acquisto. Il costo della benzina raggiunge un punto di minimo il 1 gennaio 2009, attestandosi a 1,107€.

Non tutti i mali vengono per nuocere e da mesi la CO_2 nell'atmosfera è decisamente più bassa della media degli ultimi anni, facendo tirare un respiro di sollievo all'ecosistema.

Avremmo dovuto capire, quindi, che le variabili sociali, economiche e culturali che influenzano e determinano l'acceso al credito da parte di privati ed aziende erano e sono inadatte; avremmo dovuto capire quanto la spesa per l'approvvigionamento del petrolio influenza lo stile di vita dei privati e la capacità di produrre delle imprese; avremmo dovuto capire che c'è molto bisogno di ridurre il volume di gas serra che immettiamo nell'atmosfera.

Come una nenia ossessionante, la voce di Adorno torna a farsi sentire...

Avremmo dovuto, in sostanza, individuare i perni razionali e per questo condivisibili sui quali ruota l'agire sociale in grado di garantire la diffusione della libertà: cioè quando ciascuno gestisce la propria libertà entro spazi tali da non invadere quella altrui. Indirizzare questa ricerca verso il maggior livello possibile di condivisione è il presupposto all'oggettività di questi fondamenti dell'agire umano in società. Mi permetto di sottolineare che, nell'ambito dei "comportamenti umani", l'oggettività di scienze come Matematica e Fisica non è perseguibile e che invece essa si raggiunge e si misura attraverso la rilevazione del grado di diffusione ed interiorizzazione di un determinato modo di vedere le cose.

I greci chiamavano la "condotta" sociale ed individuale col termine èthos dal quale deriva il nostro etica. Quindi la sfida che non abbiamo saputo affrontare né vincere, fino ad ora, è stata quella di ridare un'anima all'economia, di rifondare le norme e la relativa condivisione diffusa, dell'agire oeconomicus, o per dirla in altri termini, non abbiamo saputo assumerci la responsabilità della condotta economica, lasciando che il Mercato si autogestisse solo attraverso la logica del profitto e della crescita economica.

Nel Testo Unico Sicurezza Lavoro, l'insieme di norme contenute nel Decreto Legislativo del 9 aprile 2008, n. 81 che - in attuazione dell'articolo 1 della Legge 3 agosto 2007, n. 123 - ha adeguato il corpus normativo all'evolversi della tecnica e del sistema di organizzazione del lavoro, compare all'art. 2, comma 1, par. ff, la seguente definizione di responsabilità sociale di impresa: <integrazione volontaria delle preoccupazioni sociali ed ecologiche delle aziende e organizzazioni nelle loro attività commerciali e nei loro rapporti con le parti interessate>.

Nell'ambito della responsabilità sociale d'impresa o CSR (Corporate Social Responsibility) la Commissione Europea divulga periodicamente un bollettino con le politiche più aggiornate che gli addetti ai lavori concordano di volta in volta. Nell'ultima pubblicazione che risale alla primavera del 2009 c'è uno studio di casi di imprese europee che si dedicano allo sviluppo della responsabilità sociale, c'è una guida sulla gestione della comunicazione ai fini di un'efficace CSR e c'è un questionario rivolto agli Imprenditori per aiutarli "a comprendere se la Sua impresa attua - anche se talvolta solo in maniera inconsapevole - alcune iniziative in tema di responsabilità sociale"

I punti focali di questo eccezionale ed innovativo strumento sono:
politiche per il personale
politiche ambientali
politiche di mercato
politiche per la comunità locale
politiche di promozione dei valori aziendali.

La Grande Crisi, come ogni situazione di impasse, deve essere uno spunto di riflessione e costruzione che coinvolge anche e necessariamente i giovani; questo lo sapeva bene Luc De Vauvenargues scrittore e saggista francese del 1700 che era solito dire: < I giovani soffrono di più per la prudenza dei vecchi che per i propri errori >.

Però neanch'io vedevo ancora chiaramente il nesso.

INDICE PROGRESSIVO

17   Costo, valore e valore del valore. Roma, Oggi

18   Cumannari è megghiu ca futtiri. Roma, Oggi

19   Roma, 8 aprile 2005

20   Non si capisce perché. Roma, Oggi

21   M.C. Escher. Roma, Oggi

3 ATENE
ESTATE 2015

Questa volta non è il 14 ma il 15 luglio, tuttavia succede sempre qualcosa che ci invita a riflettere: Tsipras, a capo del governo della Grecia, ottiene una pioggia rinfrescante di euro. Ma, saranno le incontenibili ed insopportabili ondate di calore, la situazione non si rinfresca per davvero e in piazza Syntagma qualcuno, che forse si è accorto finalmente di avere sotto gli occhi la soluzione, protesta con vigore.

La piazza però non decreta altro che arresti per i dissidenti: Tsipras fa il democratico coinvolgendo il popolo quando non sa che pesci prendere, rispolverando la saggezza di Ponzio Pilato. Quando gli offrono qualche miliardo, si dimentica di essere un eroe del popolo, e si dimentica pure la democrazia. Stavolta non c'è né coraggio, né tantomeno fantasia... che banalità la storia del potere che si lancia in proclami in odore di santità, ma non resiste a nessuna delle tentazioni mondane che capitano (o si fanno capitare), finendo immancabilmente per inaugurare l'inizio della sua fine: sempre la stessa storia. Sempre senza nessuna fantasia.

INDICE PROGRESSIVO

17   Costo, valore e valore del valore. Roma, Oggi

18   Cumannari è megghiu ca futtiri. Roma, Oggi

19   Roma, 8 aprile 2005

20   Non si capisce perché. Roma, Oggi

21   M.C. Escher. Roma, Oggi

4 ATENE
430 AC

Invece di Tsipras c'è Pericle: un uomo con il pallino della Politica, ma di estrazione militare. Pericle ha un obiettivo al quale lavora più con la parola che con la spada. È attraverso la sua incredibile capacità politica che riesce a far affermare una forma di governo che verrà chiamata democrazia. Il termine stesso venne inventato negli anni in cui Pericle governava Atene. In sostanza, lui credeva che a decidere cosa fare, quando e come, dovesse essere l'assemblea di tutti i cittadini, che loro chiamavano Ecclesia. Pericle ama talmente tanto la sua città, che in questi anni è al suo massimo splendore, che ritiene debba essere governata con la forma migliore e più evoluta di politica: appunto l'assemblea generale dei cittadini. Pericle ha grande esperienza a capo dei soldati e sa bene che il rispetto e la stima li guadagni solo sul campo di battaglia, con l'esempio, proprio come i migliori generali. Decide così di far leva sulla stessa dinamica psico-sociale per diffondere il concetto di impegno politico partecipato e globale. Fino a quel momento infatti solo gli aristocratici avevano l'onore di essere ricordati, in base alle loro azioni meritevoli. Questa cosa, gli ateniesi la chiamavano kleos. Pericle ebbe la fantasia ed il coraggio di estendere il kleos ad ogni cittadino. Il vero coinvolgimento diretto, nel bene e nel male, il kleos appunto, era il cardine attorno al quale girava il meraviglioso meccanismo della democrazia, inventato da Pericle. Ancor oggi le democrazie col senso civico più avanzato, si fondano su dinamiche molto simili al kleos:

uno dei motivi per cui nei paesi del nord Europa si rispetta la fila con maggiore rigidità è che la comunità stessa trova inaccettabile un comportamento diverso dalle regole non scritte e rimarcandolo nell'immediato, mette nell'angolo il cittadino trasgressore. Il fatto di non godere di fama e memoria, quindi di non godere dell'approvazione sociale della comunità di riferimento, porta i cittadini a comportarsi responsabilmente rispetto alle norme diffuse.

LS 123

La stessa enciclica Laudato Si riporta quanto gli sterili divieti delle leggi non possano nulla, se non affiancati dall'interiorizzazione di un codice di comportamento *[…] E allora non possiamo pensare che i programmi politici o la forza della legge basteranno ad evitare i comportamenti che colpiscono l'ambiente, perché quando è la cultura che si corrompe e non si riconosce più alcuna verità oggettiva o principi universalmente validi, le leggi verranno intese solo come imposizioni arbitrarie e come ostacoli da evitare. [...]*

Questo meccanismo è alla base anche della comicità della serie tv intitolata *Lilyhammer*, dal nome della cittadina norvegese, dove un mafioso italo-americano si rifugia per farsi una nuova vita. L'idea cinematografica è mescolare il senso civico scandinavo e la mentalità mafiosa della corruzione e del ricatto. In paesi come l'Italia invece, raramente capita di vedere che qualcuno redarguisca chi, ad esempio, butta cartacce o mozziconi di sigarette per terra. Quindi siccome non temiamo di perdere il *kleos*, allora sono più forti sia la pigrizia di cercare un cestino sia il tornaconto personale. Partecipare attivamente e rettamente all'Ecclesia, permetteva a chiunque di essere consegnato alla storia. Davvero una tra le principali intuizioni politiche di sempre: bravo Pericle.

La dinamica è talmente tanto alla base dell'essenza umana che un professore di Rotterdam ne ha studiato il funzionamento, per comprendere quanto sia importante il nostro impegno nel contesto sociale e quanta gratificazione si tragga dal riconoscimento pubblico di questo impegno. Di questo però parliamo più tardi, per non fare confusione geografica: ora siamo ad Atene, poi andremo a

Rotterdam.

I giornalisti hanno sempre dato voce alla gloria o all'onta dei politici, e un cronista dell'epoca, racconta che Pericle andava dicendo con orgoglio: *"Noi spieghiamo a tutti la nostra potenza con importanti testimonianze e molte prove e saremo ammirati dagli uomini di ora e dai posteri senza bisogno delle lodi di un Omero o di un altro"* (Tucidide II,41,4).

INDICE PROGRESSIVO

5 UNIRE CIÒ CHE È DIVISO
ROMA, OGGI

Una cosa davvero interessante è che Pericle considera economia e politica non 2 cose distinte, ma un'unica faccenda vista da prospettive diverse. In effetti l'originalità di Pericle sta nel fatto che per lui la politica vera è solo il pensiero rielaborato ed espresso dall'Ecclesia, da cui scaturisce un accesso ai beni prodotti in regime di economia di mercato. Pericle non sa ancora cosa significhi capitalismo, economia di mercato, comunismo o liberismo, ma intuisce lo stretto legame, concettuale, prima ancora che operativo e utilitaristico, tra espressione libera ed ecumenica del pensiero politico e modo di procurarsi il benessere materiale. Mi è venuta voglia di osare: Pericle anticipa tutti sull'ontologia del fatto sociale: l'ateniese probabilmente si rende conto che l'essenza dell'uomo si concretizza nella capacità di scegliere come gestire il proprio territorio, da cui si trae sostentamento, in relazione paritaria e biunivoca con i propri vicini di casa.

Sebbene le condizioni culturali e materiali europee siano evolute in diverse e molteplici forme nel corso di 25 secoli, da Pericle ad oggi, siamo tutti figli del modo di pensare, prima greco, poi romano. Esempi sono l'influenza del pensiero di Aristotele sull'impostazione del metodo scientifico. Oppure il concetto di *ius*, così come lo rielaborarono i romani. Nel tempo e nello spazio poi ogni cosa viene adattata, rielaborata, si evolve in forme nuove ma la matrice d'origine rimane sempre percepibile distintamente.

La genialità di Pericle, invece, questa no. Non l'abbiamo capita fino infondo. Ed ancor oggi, paghiamo questa colpa! Questo ritardo nel comprendere.

In 25 secoli, di teorie e pensatori illustri che si sono espressi su politica ed economia ce ne sono tanti da prenderci una laurea. Esprimersi sui nessi tra cultura ed economia è sempre stato al centro della produzione intellettuale, perché sono cose che viviamo intensamente ogni giorno. I libri che parlano di queste cose, se messi uno sull'altro, formerebbero una torre altissima, la più alta forse, romanzi rosa a parte.

Io per raccontarvi cosa ho in mente in maniera semplice e veloce, non posso ripercorrere questi 25 secoli se non prendendo in prestito un paio di concetti dai più bravi della classe, uno per parte.

Da un lato Marx con la sua concezione materialistica della storia e cioè che il nostro modo di procurarci sostentamento e creare ricchezza condiziona pure il nostro modo di pensare; dall'altro Weber, diametralmente distante: per lui è la cultura ad influenzare il modo degli uomini di fare economia. Viene prima la struttura (economia) o la sovrastruttura (cultura)?

È nato prima l'uovo o la gallina?

In Grecia, e Tsipras all'Università tecnica nazionale di Atene non può certo averlo studiato, perché lui è ingegnere non zoologo, hanno speciali galline che vengono al mondo insieme alle uova. Sono galline davvero rare, ma Pericle le ha scoperte e lo ha raccontato a tutti.

Ho amato Marx e Weber come due padri, li ho stimati, li ho approfonditi, li ho raccontati, tanto che non vedo l'ora che venga il momento di raccontarli anche a mia figlia Sara, anche se a dire il vero, se capita, già ora qualche concetto lo introduco, ma i due tedeschi ancora non glieli ho presentati.

Avrei sempre voluto imparare il tedesco per poter leggere i loro scritti in lingua originale, però pane al pane e vino al vino!

Fedez dice che per avere prospettiva ci vogliono 2 punti di vista e non sbaglia. Marx e Weber si sono persi teorizzando solo un punto di vista. Senza prospettiva. Che peccato... si dice che tra i due litiganti, il terzo gode, ma a me è sempre successo, invece, di intravedere tra i due litiganti, proprio là in mezzo, la soluzione del loro contendere. La ragione è in entrambi, se questi sono ragionevoli, così come i torti, se si riesce a smussare il proprio egoismo.

Pericle, lo ha capito bene.

Cultura ed economia vanno di pari passo; nessuna delle due genera l'altra, bensì si auto influenzano in un vortice le cui spire a volte sconfinano nel bene per l'uomo, altre volte, nel male. In un continuo altalenare, inarrestabile.

Infatti, Pericle pensa che essendo come 2 lati della stessa moneta, la democrazia e l'economia di mercato sono il fondamento della libertà dell'uomo. Fate attenzione, vi prego, a 2 cose: innanzitutto la dicitura "economia di mercato" sfugge al gergo di Pericle. Essa è un mio retaggio col quale mi sono divertito a farlo esprimere. Ho deciso di regalarmi questa licenza poetica perché per Pericle l'economia che si realizza in regime di democrazia, è una forma di gestione dell'ambiente in grado di far esprimere chiunque partecipi attivamente e per ciò stesso un'economia libera. Io ho deciso di fondere insieme metonimia e sineddoche, cioè di parlare di una parte per indicare il tutto, un effetto per la causa. Pericle immagina un'economia fertile, efficace nel senso di essere in grado di soddisfare adeguatamente il sostegno materiale dell'uomo, ed efficientemente nel senso che siccome ciascuno è impegnato nella propria parte di lavoro, ecco che si evitano sprechi di energia, di tempo, di prodotto, pur conservando la bontà delle economie di scala, visto l'impegno globale. Qui economia di mercato non sta a significare un tecnicismo della tarda modernità. Ecco perché mi sento di riassumere non solo il pensiero, ma le opere in vita del mio amico Pericle, indicandovi democrazia ed economia accessibile come fondamento della libertà dell'uomo. La seconda cosa sulla quale richiamo la vostra paziente attenzione è il concetto di libertà. Essa è la dimostrazione che in Grecia esistono galline che vengono al mondo con le proprie uova.

Diamo per scontato per un attimo, che libertà sia una cosa buona e desiderabile per tutti e che ci siamo già messi d'accordo, dopo acceso e lungo dibattito in sede di Ecclesia, su cosa significhi nella realtà sociale, libertà. Fatte queste due concessioni, vi invito ad assaporare la fragranza sublime di una tale pietanza, nutrimento per il corpo e per l'anima. Pericle prefigura e configura un sistema sociale in cui l'assemblea di tutti i cittadini pone le condizioni per una gestione dello spazio vitale (figurato e non) delle persone, tale che dia concreto sostentamento a tutti, in modo tale che essi possano contribuire fattivamente, ma soprattutto liberamente, all'Ecclesia. Come a dire, contribuiamo tutti a decidere come fare economia, in modo equo e soddisfacente per tutti, in modo che ciascuno abbia gli strumenti (fisici e concettuali) per contribuire a decidere...

Forse papa Francesco quando scriveva queste righe nell'enciclica Laudato Si, pensava proprio a Pericle

[...] «Quando mieterete la messe della vostra terra, non mieterete fino ai margini del campo, né raccoglierete ciò che resta da spigolare della messe; quanto alla tua vigna, non coglierai i racimoli e non raccoglierai gli acini caduti: li lascerai per il povero e per il forestiero» (Lv 19,9-10) [...].

Tsipras è ingegnere, ma se avesse fatto il contadino, avrebbe saputo che le galline più belle sono quelle che nascono esattamente nello stesso momento delle loro uova.

Come lui, tanti non lo sanno, ecco perché lo racconto.

INDICE PROGRESSIVO

6 NEW YORK
10 DICEMBRE 1948

Fa freddo nella grande mela. E quando fuori non si sta bene, cosa c'è di meglio che rintanarsi in un ristorantino con gli amici e mangiare qualcosa di speciale? Joseph Bastianich nascerà fra vent'anni, ma qui l'influenza di tante provenienze geografiche si fa sentire per le strade, con i profumi delle cucine dei ristoranti. E poi la presenza italiana, con la sua cultura enogastronomica, è forte, qui a NY. Anche Joseph, che tutti chiameranno Joe, è di origine italiana.

Lui, Joe, diventerà imprenditore nel campo della ristorazione, avendo successo; ma diventerà famoso nel mondo quando verrà coinvolto in una fortunata serie di talent show a base di fornelli e ricette deliziose. Ogni paese acquisterà il format televisivo e Joe frequenterà abitualmente per anni sia la versione USA che, ovviamente, quella italiana.

Tutto questo oggi a NY non lo sa la gente, né può prevederlo, anche perché lo considererebbe irrilevante. Ma sarebbe una valutazione superficiale ed approssimativa.

Infatti la natura del *melting pot* nordamericano, è tale da far convergere culture e sensibilità d'ogni dove nelle esperienze quotidiane, come la musica o la cucina. A NY questo si vede e si sente, più che altrove.

Quindi la sensibilità che Joe Bastianich dimostrerà al mondo, fra cinquant'anni, va fatta discendere dallo spirito di questa città, che sa fondere insieme gli elementi, per farne ricette allettanti.

Quest'oggi, la ricetta verrà cucinata presso le Nazione Unite, ed il piatto del giorno avrà il nome di Dichiarazione Universale dei Diritti dell'Uomo. Come in ogni ricetta la cui riuscita si vuole garantire, gli ingredienti devono essere di qualità eccellente; gli ingredienti che useranno i newyorkesi sono del calibro di:

• Bill of Rights, documento del 1689 redatto in Gran Bretagna come fondamento del sistema costituzionale britannico,

• Dichiarazione d'Indipendenza statunitense, redatta il 4 luglio 1776,

• Dichiarazione dei diritti dell'uomo e del cittadino, stesa nel 1789 durante la Rivoluzione Francese

Per un gran piatto, e Joe non mancherà mai di torturare i partecipanti dei talent ricordandolo, non servono chissà quanti ingredienti principali. Tre sono sufficienti, ma devono essere di qualità. A dare quel non so che di irresistibile ad un piatto, poi sono gli aromi. A NY oggi si è deciso di arricchire la ricetta con:

• i Quattordici punti che il presidente Woodrow Wilson compilò nel 1918,

• i pilastri delle Quattro libertà enunciati da Franklin Delano Roosevelt nella Carta Atlantica del 1941.

Oggi a NY si è cucinato un piatto meraviglioso, in cui si sancisce fin da subito che il principio fondamentale per *l'implementazione dei diritti umani è quello di interdipendenza e indivisibilità di tutti i diritti umani: civili, politici, economici, sociali, culturali; individuali e collettivi; dell'essere umano e dei popoli (...).*

Mi torna in mente Pericle e la sua gallina speciale: separare politica ed economia, occupandosi in buona sostanza entrambi del benessere e dei diritti dell'uomo, è folle!

Un documento che verrà scritto fra molti anni, dalla direzione del Centro dell'Università di Padova, che sarà presentato alla Conferenza generale della Helsinki Citizens' Assembly, presso HCA Bratislava, il 25 e 29 marzo 1992, riporterà in inglese quanto segue:

I diritti umani e i diritti dei popoli sono oggi riconosciuti dal diritto internazionale. La Carta delle Nazioni Unite stabilisce all'art. 1 che il rispetto dei diritti umani e dell'autodeterminazione dei popoli costituisce uno dei fini principali delle Nazioni Unite. La Dichiarazione universale dei diritti dell'uomo del 1948 specifica una prima lista di diritti umani e ne raccomanda il rispetto. I due Patti internazionali del 1966, rispettivamente sui diritti civili e politici e sui diritti economici, sociali e culturali, contengono norme giuridiche vincolanti sul piano mondiale. Questi due strumenti legali internazionali, insieme con altri strumenti quali le Convenzioni regionali europea, interamericana e africana, la Convenzione contro la discriminazione, la Convenzione contro la tortura, la Convenzione sui diritti dell'infanzia, costituiscono le fonti del diritto internazionale dei diritti umani, che è un diritto completamente nuovo. L'Atto finale di Helsinki del 1975, che è un importante accordo politico ma non un accordo giuridico in senso formale, recepisce le norme internazionali sui diritti umani e sull'autodeterminazione (v. principi VII e VIII).

Le norme giuridiche internazionali riconoscono che ogni essere umano ha diritti innati, quindi inviolabili, inalienabili e imprescrittibili, che preesistono dunque alla legge scritta. L'individuo è soggetto originario di sovranità e viene prima dello stato e del sistema degli stati. In virtù dei diritti che ineriscono egualmente a ciascuno dei suoi membri, anche la famiglia umana universale è soggetto collettivo originario che viene prima del sistema degli stati e del singolo stato. Alcuni diritti innati (all'esistenza, all'identità, all'autodeterminazione) sono riconosciuti anche alle comunità umane che hanno il carattere di popolo. Individui e popoli sono dunque soggetti originari anche nel sistema legale internazionale e gli stati sono da considerarsi come entità complesse "derivate" anche nel sistema del diritto e della politica internazionale. I principali principi di questo nuovo diritto internazionale sono: il principio di vita; il principio di eguaglianza degli individui e dei popoli; il principio di pace; il principio di solidarietà; il principio di giustizia sociale; il principio di democrazia.

Come nel testo elaborato oggi a NY, così quest'ultimo darà grande considerazione ad un punto fondamentale: *l'autodeterminazione* dei popoli. Che poi altro non è che quell'istinto che porta ogni bambino a fare di testa propria. Questa volontà di autogestirsi, di solito arriva al suo massimo quando si è adolescenti, per poi stabilizzarsi su livelli, via via, negli anni, più giudiziosi. Anche i popoli, che sono fatti di bambini che cresceranno, hanno tutto il diritto di decidere per sé.

Non so se ci avete mai riflettuto, ma sapevate che occupiamo il 3° posto in termini di popolazione? Io se non l'avessi letto non l'avrei mai detto... C'è la Cina, ovviamente, poi c'è l'India e poi c'è l'UE. Unione Europea. Io, come 503 milioni di persone nell'UE, con tutti i suoi relativi paesi membri, sottoscriviamo da sempre la dichiarazione scritta a NY oggi. Così come molti altri paesi nel mondo. Non solo: come tutti i paesi dell'UE e come tantissimi nel mondo, prediligiamo la democrazia, come forma di governo. Cioè una forma che dovrebbe garantire la libertà di espressione e di esistenza, religiosa, politica, economica...

Qualcuno allora sa spiegarmi come sia possibile che lo strumento principale di scambio di beni e servizi dell'economia di mercato, nell'UE non sia di tutti? Mi spiego meglio: vivendo noi in stati che aderiscono all'ONU, e che sono democrazie definite addirittura avanzate, come è possibile che non godiamo di sovranità monetaria? Cioè della naturale ed auspicabile facoltà di emettere la moneta necessaria a far scorrere il flusso degli scambi di un ogni paese, alla base dell'economia di questi?

LS 127-128

Il lavoro è il motore dell'economia ed ha come suo strumento efficace (se ben utilizzato) il denaro. Non avere Sovranità Monetaria equivale a non concedere democraticamente l'accesso al lavoro a chiunque, negando un diritto essenziale per la dignità dell'Uomo; peraltro la nostra Costituzione si apre proprio all'insegna di questo concetto *[...] Perciò la realtà sociale del mondo di oggi, al di là degli interessi limitati delle imprese e di una discutibile razionalità economica, esige che «si continui a perseguire quale priorità l'obiettivo dell'accesso al lavoro [...] per tutti». 128. Siamo chiamati al lavoro fin dalla nostra creazione. Non si deve cercare di sostituire sempre più il lavoro umano con il progresso tecnologico: così facendo l'umanità danneggerebbe sé stessa. Il lavoro è una necessità, è parte del senso della vita su questa terra, via di maturazione, di sviluppo umano e di realizzazione personale. In questo senso, aiutare i poveri con il denaro dev'essere sempre un rimedio provvisorio per fare fronte a delle emergenze. Il vero obiettivo dovrebbe sempre essere di consentire loro una vita degna mediante il lavoro.*

Se Pericle aveva intuito genialmente che la vera libertà di pensiero si applica attraverso la libertà di produrre ed imprendere ciò che si desidera (nel rispetto dell'altro), e se produrre ed imprendere si fa con un unico strumento di base cioè il denaro, per quale motivo in un paese democratico facente parte dell'ONU (il quale promuove l'autodeterminazione dei popoli) la moneta si deve chiederla ad un ente che non coincide con l'Ecclesia, e le sue banche per fare il loro lavoro di favorire imprese ed economia, devono aspettare la liquidità col contagocce, dovendo pure manifestare gratitudine?

È un paradosso! Da cui discende un crimine contro l'umanità, senza esagerare. Riflettete: se togli la libertà di gestire l'ambiente (quindi di provvedere a sé stessi, in una parola il lavoro e l'economia), come diceva Pericle, allora metti in discussione anche la capacità di partecipare responsabilmente alle decisioni del paese; quindi partecipa all'Ecclesia solo chi gestisce gli strumenti del lavoro; quindi perde il titolo di "ecclesia" e non è più democrazia... piuttosto diviene un mal celato oligopolio, cioè un potere riservato a pochi.

LS 98

Il lavoro dell'Uomo, motore dell'economia, non solo fa dare frutto al mondo, consentendoci di partecipare insieme alle decisioni democratiche, ma consente un miglioramento di sé, ed in questo modo della famiglia umana. *[...] Gesù lavorava con le sue mani, prendendo contatto quotidiano con la materia creata da Dio per darle forma con la sua abilità di artigiano. E' degno di nota il fatto che la maggior parte della sua vita è stata dedicata a questo impegno, in un'esistenza semplice che non suscitava alcuna ammirazione: «Non è costui il falegname, il figlio di Maria?» (Mc 6,3). Così ha santificato il lavoro e gli ha conferito un peculiare valore per la nostra maturazione. San Giovanni Paolo II insegnava che «sopportando la fatica del lavoro in unione con Cristo crocifisso per noi, l'uomo collabora in qualche modo col Figlio di Dio alla redenzione dell'umanità» [...].*

Quindi se Tsipras voleva fare il presidente di una democrazia, e poi indire un referendum per chiedere al popolo se vuole o no restituire il debito che ha nei confronti dell'UE, e in che misura ed in che termini, forse prima avrebbe dovuto chiedersi :<i cittadini di cui presiedo il governo posseggono il denaro, strumento principale con cui gestire il lavoro che permette a tutti di godere dei frutti dell'ambiente per sostenersi, quindi di partecipare liberamente al governo della nazione?> Siccome la risposta a questa domanda è <no, non posseggono il denaro per far girare l'economia> allora tutto il resto, qualsiasi altra domanda che l'ecclesia si può porre, è inutile. Il successore di Pericle, interroga l'ecclesia come debitamente ha il dovere di fare, ma non spiega ai cittadini ateniesi e greci tutti, che tanto, qualsiasi finzione di democrazia e libertà, decade mestamente dietro alla perdita di sovranità monetaria. Se Tsipras non lo ha capito, non è idoneo a quel ruolo. Se Tsipras l'ha capito, ma lo tace ai suoi connazionali, è criminale. Le due alternative valgono per lui, come per ogni altro leader politico dei governi dell'UE.

INDICE PROGRESSIVO

7 EGITTO
TANTI ANNI PRIMA DI CRISTO

Nel libro dell'Esodo si racconta che gli ebrei scappano dall'Egitto, condotti da Mosè. Ad un certo punto del loro cammino, Mosè sale su un monte chiamato Sinai: Dio desidera consegnargli le 2 tavole con i 10 comandamenti. Proprio in quei momenti, lo sconforto si diffonde tra la gente, che non vedendo tornare il leader, si sente persa. Viene quindi chiamato Aronne, figlio di Mosè, affinché si prenda cura del popolo e lenisca la sua ansia esistenziale. Gli viene chiesto un Dio, un Dio da adorare, un Dio ad immagine e somiglianza dell'Uomo, a suo uso e consumo. Aronne prende tutto l'oro che trova in giro e, visto che da dove vengono è uso adorare un dio-toro, commissiona ai mastri scultori una statua a forma di Toro. Bella come non mai!

La cosa funziona; con tutti i suoi limiti, ma funziona... almeno finché non torna Mosè.

Il problema, dice Mosè, è che non serve a nulla avere un Dio ad immagine e somiglianza nostra, perché piuttosto è vero il contrario. Cioè che noi siamo ad immagine e somiglianza di Dio, allora sì che ci eleviamo. Se non si commette questa variazione, il toro tutto d'oro può avere un sacco di funzioni. Un po' come la piumina di Dumbo: quante volte abbiamo bisogno di proiettare su un oggetto o un'idea le nostre ansie, le nostre aspettative, il nostro affetto. Però l'importante è sapere che Dumbo vola perché ha le orecchie grandi, non grazie ad un fantomatico potere magico di una piuma. Essa è solo un viatico per giungere ad acquisire fiducia nei propri mezzi.

Come il toro di Aronne, esso sarebbe dovuto servire solo a rendere consapevole l'uomo di cosa gli manca, a cosa aspira, cosa desidera.

Come il denaro: è uno strumento, non un fine. Uno strumento potente perché veloce, potente perché versatile, potente perché convenzionale. Ma solo uno strumento.

È come se un uomo preferisse amare un mazzo di rose piuttosto che una donna. Il mazzo di rose serve per presentarsi a lei, come omaggio alla sua grazia, per farle capire che siamo disposti a donarle qualsiasi meraviglia la nostra terra offra, che siamo disposti ad assumerci il rischio delle spine, pur di omaggiarla con qualcosa di così bello e profumato.

Le rose sono bellissime! Ma sono solo uno strumento...

Come il denaro.

INDICE PROGRESSIVO

8 EREDITÀ INUTILI: POLITICHE MONETARIE ED INFLAZIONE. ROMA, OGGI

Capita di sentire parlare di denaro definendolo "oro". Ai tempi del mio amico Pericle infatti essi coincidevano. Chi possedeva metalli preziosi, argento ed in particolare oro, aveva denaro. Era sufficiente recarsi alla zecca di stato e venivano coniati denari col metallo. Ne veniva trattenuta una parte e questa era, come dire, *il prezzo dei soldi*. Questo prezzo ha un nome: si chiama Signoraggio. Esso è stato definito *[…] risorse reali* (in quanto la moneta di per sé non ha valore *ndr*) *che un governo guadagna quando stampa moneta che spende in beni e servizi [...].*

Alcuni secoli dopo, qualche imperatore romano, cominciò a rendere la moneta solo una convenzione, slegata da ogni valore "reale" cui attribuirne uno solo "nominale". Il processo che ha portato le monete ad essere slegate completamente da ogni valore, è durato davvero tanto tempo, ed è terminato all'incirca all'inizio del secolo scorso, quando la convertibilità della valuta cessò di essere una regola. Questo significa che ad un certo punto non si è più preteso che i governi avessero una contropartita in oro per la moneta circolante che si era emessa. Insomma se in Italia nelle tasche dei cittadini c'era una somma di, poniamo per fare un esempio, 100 miliardi di lire, ad un certo punto, non era più necessario che lo Stato avesse riserve in oro pari a quell'ammontare di denaro.

Certo la cosa è un po' strana... E' come se qualcuno si fosse preso la briga di catalogare tutti i prodotti in commercio in un dato giorno dell'anno, e pure tutte le attività di servizio immaginabili collegate a questi prodotti. Una volta fatta questa enorme lista della spesa, poi si è calcolato il totale. A questo punto, questo "qualcuno" ha poi deciso che l'oro che si possiede è in grado di comprare la somma dei prodotti e dei relativi servizi per quel totale calcolato in precedenza.

È assurdo! È ovvio, nessuno potrebbe mai fare questo calcolo. Ed è impossibile che il valore attribuito all'oro sia coincidente col totale del calcolo di prima.

Ridicolo anche solo pensarlo. Eppure è funzionato così per tantissimi secoli.

Poi, come s'è detto, qualcosa è cambiato. Il valore di una moneta o una banconota è relativo solo ai materiali ed il lavoro necessari a produrli. Poca cosa... Il valore nominale, quello viene stabilito in sede di convezione. Ogni moneta, ogni banconota ha un suo valore: 1, 2, 5, 10€ e così via. Per anni si è temuta l'inflazione. Cioè quel fenomeno economico che porta alla perdita di valore del denaro. Capita cioè che con la stessa quantità di denaro, posso comprare un po' meno merce. Si può anche dire che l'inflazione ha come effetto la crescita dei prezzi ed infatti il calcolo in percentuale di questo aumento, viene indicato come indice di inflazione. Se il pane costa 4,00€ al kilogrammo, c'è un'inflazione del 2%, quando senza motivi specifici che giustifichino l'aumento di prezzo, tuttavia per comprare un kg di pane servono 4,08€.

La gente comune temeva l'inflazione perché diminuiva nel tempo il valore dei risparmi che faticosamente metteva da parte. I governi la tenevano a bada con diversi modi: tutti, o più o meno, riconducibili a politiche monetarie.

La politica monetaria che un dato governo, attraverso la banca centrale, adotta consiste in quante monete e quante banconote e di quali tagli si decide di produrre e mettere in circolazione. Poi c'è il tasso di interesse. Quanto costano i soldi? La vera domanda che ci si deve fare è: quanto mi costa avere un determinato ammontare di denaro contante nel portafoglio, piuttosto che sul conto corrente in banca? Detenere denaro contante, piuttosto che tenerlo in banca, ha un prezzo. Questo prezzo altro non è che il mancato guadagno degli interessi attive che una banca riconosce ai correntisti. Un governo decide pure questo prezzo, potendolo influenzare. Oggi, ad esempio, è molto conveniente chiedere i soldi in prestito alle banche, perché chiedono in cambio interessi molto bassi. Non sono mai stati così bassi. Eppure l'economia non gira, è in crisi. Come mai?

Insomma, non si usa più la convertibilità in oro, per fortuna, ma i governi decidono comunque quanta moneta circola. Potrebbero farne circolare di più. Si, ma alcuni direbbero che poi aumenta l'inflazione e torniamo da capo. Non se ne esce. L'inflazione comunque è un concetto legato ad un economia novecentesca. Intendo dire che oggi la quantità di beni e servizi cui possiamo accedere è enormemente maggiore rispetto a quando ero bambino. Quindi il calcolo semplice dell'inflazione già perde una parte della sua utilità. Si, perché in effetti siamo stati abituati a pensare l'economia come l'insieme delle attività volte a gestire le risorse scarse a disposizione. Per tanti secoli le risorse erano scarse, si. Ma solo perché l'uomo non aveva mai pensato a come gestire meglio il creato. C'è stato un periodo, diciamo lungo almeno quanto l'era dei Romani, in cui le persone erano convinte che non si potesse inventare nulla di meglio, a livello di tecnologie. L'uomo si concentrava su sé stesso ed il suo pensiero. Questo atteggiamento era in parte influenzato dall'esistenza della schiavitù: per quale motivo devo scervellarmi ad immaginare una pompa idraulica, avendo prima intuito le dinamiche fisiche alla base del suo funzionamento, per costruire una gru, se tanto gli schiavi mi costruiscono pure le piramidi? Affrontando la questione dal punto di vista del cittadino ateniese e romano di duemila anni fa, in effetti il ragionamento scorre. Ecco perché ad Atene e Roma ci si preoccupava di far progredire il pensiero: perché era l'unica cosa che pensavano fosse necessario e possibile migliorare. La filosofia, la politica, la giurisprudenza...

Poi nel Medioevo in Europa le cose cambiano. Viene da molti

ritenuto un periodo buio. Come in ogni periodo le bassezze umane hanno prodotto tanto dolore. Però in questo periodo l'uomo riprese a cercare l'innovazione anche in campo tecnico: in questo periodo si attestò l'aratro e il mulino a vento, ad esempio. Ci volle una rincorsa di molti secoli, ma poi il balzo di innovazione tecnologica che avvenne con la prima rivoluzione industriale nel 1700, fu un balzo enorme, con una portata ancor oggi sottovalutata sull'esistenza stessa dell'Uomo.

Tutta questa tecnologia, è vero, ha un costo in termini di impronta ecologica, elevatissimo. Il pianeta soffre. L'uomo, immaturo, si volta, per non guardare.

Fatto sta che, sia in termini di prodotti materiali, ma soprattutto in termini di servizi di industria culturale c'è da comprare tanto che non si riesce neanche a sapere quanto. Immaginate solo attraverso internet quanti contenuti multimediali possono essere comprati.

Ancora pensiamo all'inflazione? Ritengo sia delirante…

Vi dico altri motivi per cui l'inflazione non va pensata più nei termini novecenteschi. Tra i motivi per cui un certo John Maynard Keynes vinse il premio Nobel, c'è quello di aver introdotto il concetto di Prodotto Interno Lordo, che di solito si sente o si legge come PIL.

Esso è la somma dei prodotti scambiati tra domanda (l'insieme di chi compra) e offerta (l'insieme di chi vende) in un dato paese in un dato lasso di tempo. Il Nobel Keynes non ha tenuto conto di alcune cose: se in un dato paese vengono prodotte tante armi e vendute ai cittadini per proteggersi dalle continue irruzioni domestiche, perché vigente uno stato di caos sociale, il PIL avrà un segno positivo, ma vivere in quel paese non è affatto desiderabile. Il PIL non tiene conto di quanti alberi ci sono per ogni persona in un dato territorio. Al PIL non interessa il livello di qualità dell'aria.

Ma come al solito, il problema non è lo strumento, ma chi lo utilizza e come lo fa. Il PIL è uno strumento matematico e non di analisi sociale. Ma siccome contabilizza di fatto i soldi, molti lo scambiano per felicità. Ancora oggi, qualcuno ci considera scemi, divulgando nei notiziari che gli "analisti" dicono che il prossimo trimestre ci sarà un aumento del PIL dello *zerovirgolaqualcosa* percento. Innanzitutto pure se dovessi guadagnare invece che mille €, mille e 2, continuo a non arrivare a fine mese, quindi non ci vedo nulla di roseo. Ma soprattutto quell'infinitesima variazione algebrica non misura nessuna delle cose che fanno star bene l'uomo.

Un mio amico dice che questa società non è la società del benessere, bensì del *benavere*! Quanto ha ragione.

Quanto verde urbano potrebbe essere comprato senza arrivare ad inflazione, quanta sanità pubblica, quanti investimenti in energia rinnovabile ed efficienza energetica, quante strutture per ridurre il traffico? Quanti spazi ricreativi per i giovani, quanti luoghi di incontro per gli anziani, quante strutture per la salvaguardia della flora e della fauna in pericolo per via delle invadenti attività umane? Sono infinite le cose che possiamo comprare… quindi l'inflazione non esiste!

Ho parlato prima di "Sovranità Monetaria": essa è un modo di dire di origine giuridica, ed in particolare del diritto costituzionale. La Sovranità Monetaria indica il potere di un ente giuridico come uno Stato sovrano, di emettere moneta. A questo potere che uno Stato si riserva, corrisponde l'impossibilità da parte di chiunque altro di fare lo stesso e, contemporaneamente, il dovere di accettare la moneta corrente come corrispettivo per merci e servizi.

Quindi, delineato uno Stato che sottoscriva i "diritti universali dell'uomo" tra cui c'è quello all'autodeterminazione, cioè a decidere il proprio destino, delineato uno Stato che scelga come via istituzionale, quella democratica, cioè viene coinvolta ciascuna persona abbia raggiunto la maggiore età nelle decisioni riguardanti la collettività (il voto politico), delineata una democrazia che non possa attestarsi se non tramite la libera e proattiva impresa, con l'obiettivo di far fruttare l'ambiente che abitiamo, dando realizzazione alle inclinazioni con cui ciascuno nasce, delineata un'economia il cui strumento di gestione quotidiana è il denaro, con tutti i suoi limiti, ma anche le sue caratteristiche funzionali che lo rendono uno strumento utile, delineato uno Stato sovrano tra le cui prerogative costituzionali c'è il potere di emettere moneta per svolgere le sue funzioni e permettere ai suoi cittadini di fluidificare gli scambi di beni e servizi, è incomprensibile che i governanti decidano liberamente di non avvalersi più di Sovranità Monetaria. Ma è ancora più incomprensibile che i cittadini dei paesi membri dell'UE continuino a demandare alle funzioni di governo persone che non hanno capito o tacciono questa dinamica. Ricordate l'alternativa del diavolo? O sono inadatti a governare perché ignoranti o tacciono per motivi non trasparenti...

L'ho detto prima: servirebbe coraggio e fantasia...

Giornale Synthesys - 2009

Presupposti alla Società dell'Innovazione

L'innovazione, come concepimento di nuove forme di convivenza e sfruttamento di risorse, si declina in molte attività: tecnologia, cultura e politica, organizzazione del lavoro, sono tra le più influenti. La capacità strategica di una società si misura con la capacità che ha di ridurre l'incertezza con la sua organizzazione: "come sa fare ciò che fa".

La benzina che alimenta il motore delle competenze organizzative è la Motivazione.

La coscienza è l'attività che coniuga gli impulsi dell'individuo con gli stimoli esterni; mentre l'inconscio rappresenta i bisogni che devono essere soddisfatti. Rapportando questo schema estremizzato della mente umana ad un sistema sociale, si può affermare che l'inconscio è la somma delle aspirazioni umane (sociali, culturali, professionali,...) mentre la coscienza è, di volta in volta, l'economia, la politica, la cultura, con la funzione di soddisfare e coniugare le necessità delle persone con il loro contesto (locale e globale).

Alcuni anni fa, Giuseppe Vigorelli, presidente dell'associazione per lo sviluppo degli studi di banca e borsa, diceva: "Le forme di collaborazione che funzionano meglio oggi sono quelle che si basano sui valori morali; infatti, le organizzazioni più efficienti non hanno bisogno di regolamentazioni ferree, ma è il consenso morale che dà ai membri la ragione della reciproca fiducia. È allora che scopriamo che l'economia ha un'anima".

È *necessario concertare nuovi schemi culturali che diano Motivazione, presupposto di coesione ed Innovazione.*

INDICE PROGRESSIVO

16   Comprendere o intuire? Roma, Agosto 2015

17   Costo, valore e valore del valore. Roma, Oggi

18   Cumannari è megghiu ca futtiri. Roma, Oggi

19   Roma, 8 aprile 2005

20   Non si capisce perché. Roma, Oggi

21   M.C. Escher. Roma, Oggi

9 CHI FA DA SÉ, FA PER TRE
ROMA, OGGI

Qualche pagina fa ho fatto riferimento al *referendum* indetto da Tsipras a fine giugno; il termine è un sostantivo che viene dal verbo latino che significa "riferire". Referendum significa essere chiamati a riferire su qualche argomento specifico. In ogni paese, il referendum è un istituto giuridico elettorale. Significa cioè che il referendum è uno strumento con il quale si chiede agli aventi diritto al voto se sono favorevoli o no rispetto una determinata decisione da prendere. A seconda dei paesi, invece, il referendum è disciplinato in modi specifici. In ogni caso, tuttavia, esso è uno strumento di democrazia diretta.

Io, ad esempio, a casa mia ho il diritto di scegliere cosa mangiare per cena. Posso farlo in 2 modi: o chiedo a mia moglie di prepararmi quel piatto specifico, oppure me lo cucino da solo. Nel primo caso, sono assolutamente libero di chiedere a mia moglie di accontentarmi, cosa che accade praticamente sempre, ma poi non posso essere sicuro che abbia interpretato esattamente il mio gusto, fin quando non mi seggo a tavola. Nel secondo caso, metterò certamente quanto peperoncino desidero, o poco sale, come piace a me, ma dovrò fare i conti con la mia scarsa attitudine alla cucina.

Se chiedo a mia moglie che ama cucinare e lo fa con risultati da Gambero Rosso di preparare la cena, questa può essere considerata democrazia rappresentativa; delego cioè quel che desidero a qualcuno che, non solo lo sa fare, ma desidera farlo.

Se invece soddisfo in prima persona le mie necessità, questo caso può essere paragonato alla democrazia diretta.

La democrazia rappresentativa si avvale di una delega e mi solleva dall'impegno quotidiano e da eventuali incapacità; la democrazia diretta mi responsabilizza in prima persona.

Nel primo caso finirò per non sapere più cosa si mangia per cena, se non quando oramai è cucinato, nel secondo mi tocca imparare cos'è il timo e quanto se ne usa se voglio mangiare un buon arrosto. Come in ogni cosa, pregi e difetti.

Sono sempre stato una persona che ama personalizzare l'ambiente attorno a sé. Ogni strumento e/o concetto che mi capita di acquisire, finisco per modificarlo, se possibile, a mio uso e consumo. Quindi so bene quanto dia soddisfazione adattarsi alle situazioni e per questo motivo comprendo che nel tempo e nello spazio l'idea iniziale di Pericle, sia stata cambiata.

Ci sono delle cose però che dovrebbero rimanere così come sono, guai a chi le tocca. Prendi il WC, per secoli si è "fatto" in un modo più o meno barbaro, poi da quando Alexander Cummings nel 1775 in Scozia, decise di rendere operativo un progetto di John Harlington, inglese di duecento anni prima, inventò il congegno che ancor oggi adottiamo, non si è più cambiato. Certe cose sono perfette così come sono. Abbiamo mandato aerei sulla luna, abbiamo sostituito cuori alle persone malate, ma il WC non siamo riusciti a migliorarlo. Né nessuno sente questa esigenza. Va bene così com'è. Ti è mai capitato di andare ospite da amici e qualcuno ha pensato di rompere gli schemi, improvvisando una nuova versione del tiramisù? Invece del mascarpone la crema al limone, invece dei savoiardi zuppi di caffè, fette di ananas, invece del cacao a spolvero, due pizzichi di vaniglia. <Tiramisù di frutta!> con un sorriso a 50 denti ti viene spacciato per un'evoluzione geniale del tiramisù. Al massimo è un buon dolce, ma non chiamarlo tiramisù, che mi innervosisco. Il tiramisù è perfetto così com'è e se vuoi chiamarlo in quel modo, non puoi cambiare neanche una virgola alla ricetta. Certe cose sono perfette così come sono.

Una di queste è la democrazia di Pericle. Non si realizza se le persone delegano per incapacità o per mancanza di voglia. Non può esistere se non c'è Sovranità Monetaria. Sarò rigido, ma ve l'ho detto: alcune cose non puoi cambiarle, se lo fai, non funzionano più!

Avevo in precedenza fatto riferimento ad un certo professore olandese che da anni studia la dimensione della felicità umana. Ecco alcune sue parole tratte da una pubblicazione del 2007, redatta dopo uno studio condotto nella regione Veneto: *Dal punto di vista demografico: le ricerche precedenti hanno dimostrato che la felicità non è correlata né all'età né al genere. Nei paesi moderni è difficile riscontrare correlazioni tra felicità e titolo di studio e questo risultato è confermato in questa ricerca-pilota del Veneto. Insieme, età, genere e titolo di studio spiegano meno dell'1% della varianza in felicità. Invece, lo stato di coniuge implica una differenza più significativa, perché chi è sposato tende ad essere più felice. Aggiungendo quindi anche lo stato civile di sposato, arriviamo ad una varianza solo del 3%, mentre le ricerche che testavano anche il reddito e l'occupazione arrivano a spiegare fino al 10% di varianza nella felicità. In questo studio-pilota queste variabili non erano incluse. Personalità: le ricerche esistenti dimostrano una connessione molto elevata tra felicità e personalità, dal momento che i fattori legati alla personalità spiegano circa il 25% delle variazioni. Questo studio ha introdotto due misure della personalità: l'accettazione di sé e il grado di controllo percepito rispetto al proprio destino. Le correlazioni con la felicità sono rispettivamente +.44 (p<.000) e +.40 (p<.000).*

Insomma, sentire che quello che facciamo quotidianamente ha un effetto voluto e positivo sulla nostra vita sembra essere uno dei due perni della felicità. L'altro potremmo ottenerlo accettando quello che siamo e potendo esprimerci secondo le inclinazioni personali attraverso lavoro, arte, sport.

Volendo collegare due situazioni lontane nel tempo oltre venti secoli, senza voler cambiare la logica di nessuna delle due, ma solo nel contesto del ragionamento di questo racconto, Pericle aveva capito che se *libertà* coincide, almeno in parte, con *felicità*, allora bisogna che il governo del proprio destino, coincida con quello del proprio Stato. Mi viene inoltre da pensare alla frustrazione che provano gli italiani nei confronti di chi governa questo paese: puoi votarli e puoi non votarli, ma tanto non cambia niente! E i sempre maggiori livelli di astensionismo dal voto politico provano questo sentimento diffuso.

Io credo che si debba immaginare un'amministrazione dello stato che veda crescenti responsabilità da parte di un numero sempre maggiore di cittadini. Sia perché se amministri una tua proprietà, sarai più attento a non mandarla in malora, sia perché se sei impegnato socialmente sei più felice. E avere gli strumenti per fare tutto ciò, a partire dal denaro, significa esattamente esercitare il diritto all'autodeterminazione.

Come possiamo rinunciare a questo? Come possiamo rimettere la Sovranità Monetaria? Perché Tsipras non ha colto l'opportunità della crisi? La parola "crisi" viene dal greco antico e significa proprio cambiamento; Tsipras non ha neanche la scusa di non conoscere l'origine della parola perché è la lingua dei suoi antenati, tra cui Pericle…

Nelle conclusioni di quella ricerca del professore olandese si legge:

Le evidenze empiriche raccolte in questo settore di studi confutano tutte le obiezioni teoriche contrarie al principio della massima felicità. Il criterio appare realizzabile dal punto di vista pratico e non presenta controindicazioni dal punto di vista morale. Si può quindi affermare che il principio della massima felicità meriti un posto di maggiore rilievo nell'azione politica.

A me questo sembra proprio che dia ancor più valore all'antica ma sempre valida ed innovativa idea di Pericle: l'ecclesia decide il proprio destino, facendo fruttare il creato permettendo ai cittadini il giusto sostentamento affinché siano nelle migliori condizioni per governare, insieme.

INDICE PROGRESSIVO

10 MIGLIORAMENTO, FELICITÀ E LIBERTÀ
ROMA, OGGI

Nella storia dell'uomo credo ci siano tanti altri esempi che vanno nella direzione di questo ragionamento. Ce ne sono un paio cui sono particolarmente affezionato, per motivi differenti. Ignazio da Loyola, fondatore dell'ordine dei gesuiti, lo stesso cui appartiene Papa Francesco, oltre cinquecento anni fa, già descriveva l'impegno dell'uomo come un impegno rivolto al perseguimento del "magis". È un avverbio che in latino significa "più". L'impegno fondamentale dei Gesuiti è quello della diffusione del sapere; quante scuole nel mondo nei secoli sono state tenute dai Gesuiti? Quante milioni di persone in tutti questi anni hanno potuto elevare la loro condizione esistenziale, grazie all'istruzione ricevuta dai Gesuiti?

Il *magis* è proprio questo: cercare una costante crescita personale per potersi impegnare nel mondo in maniera sempre migliore, perché, diceva Ignazio, *"il bene quanto più è universale tanto più è divino"*.

Il pensiero torna agli studi sulla felicità che indicano la percezione di poter influire sul proprio destino come base per la gradevolezza della propria esistenza; non solo, l'accettazione che abbiamo di noi è certamente maggiore, se miglioriamo nel tempo…

Come puoi decidere di non poter emettere denaro per creare, ad esempio, le scuole e tutte le strutture per la crescita individuale?

Al concetto di *magis* ignaziano sono particolarmente legato per due motivi: per alcuni anni della mia vita, a partire dalla tesi di laurea mi sono occupato di apprendimento e formazione, sia nello studio delle dinamiche che regolano questa attività umana, sia lavorando come docente in innumerevoli corsi di formazioni in giro per l'Italia. Nella mia attività di studio sulla didattica non ho potuto non approfondire ed innamorarmi del pensiero di Sant'Ignazio. Il secondo motivo è che alcuni anni fa ho fatto lezione a ragazzi del liceo immigrati dal Sudamerica a Roma, presso un'organizzazione di stampo gesuita che ha a cuore l'inserimento sociale e la crescita delle persone. Questa bellissima realtà si chiama Istituto Radiofonico Fe y Alegria e a Roma viene ospitato nei locali della Pontificia Università Gregoriana. È stata un'esperienza umana che mi ha toccato il cuore e questo mi ha legato ancora di più al concetto di *magis*.

Il secondo esempio, di cui voglio parlare, di come l'uomo da sempre ricerca il meglio di sé, è il concetto di miglioramento continuo, così come lo si trova nella normativa UNI EN ISO 9000. Durante i primi anni di lavoro, mi capitò di imparare a progettare sistemi di qualità secondo questa normativa. Per un periodo prestai consulenza anche come ispettore nelle visite annuali che le aziende sostengono dopo la certificazione. Il concetto alla base della famosa norma della qualità è "il miglioramento continuo". Una cosa mi colpì subito: la dicitura *continuo*. Mi chiedevo come potesse essere possibile continuare a migliorare sempre. Un limite c'è sempre! E comunque avevo già imparato sulla mia pelle che dopo un po' i passi in avanti che si fanno sono sempre più piccoli; cioè che il margine di miglioramento da un certo punto in avanti è così piccolo che bisogna interrogarsi se l'impegno profuso ed il tempo investito per ottenerlo, valgano la pena. Ecco perché un miglioramento che fosse "continuo" mi affascinava: riusciva ad abbattere quel limite umano al superamento di sé! La procedura che la normativa invita ad adottare ed adattare alla propria prassi lavorativa quotidiana è divisa in quattro fasi successive. Essa viene definita PDCA, dall'acronimo dei termini inglesi Plan Do Check Act. Affinché ci sia "qualità", bisogna che si riduca la possibilità di commettere errori, attuando una procedura standard, cioè uguale per tutto e per tutti. In questo modo è inoltre possibile affrontare anche le più piccole occasioni di errore, correggendole e quindi migliorandosi, nel tempo. Innanzitutto occorre progettare ciò che si deve fare, immaginando le varie fasi operative e quindi predisponendole nella loro cronologia esatta. Molto spesso già si attua una simile forma mentis, ma la normativa invita ad essere metodici e costanti. Siccome poi, come ci ricorda la legge di Murphy, nella vita c'è sempre qualcosa pronto ad andare storto, non rispettando i piani, ecco che il PDCA non è solo un circolo, ma assume una forma di spirale perché il tempo scorre e cambiano le circostanze. Dopo aver pianificato e programmato l'azione, la si compie. Tuttavia non ci si limita a "fare" ma bisogna acquisire l'umiltà e la capacità analitica di comprendere e rilevare dove e come si sbaglia. In ultima istanza, si compiono le correzioni che è giusto apportare. A questo punto però il tempo è passato e raramente le circostanze non sono cambiate. Così risulta necessaria una nuova *progettazione* e si continua a percorrere la spirale virtuosa del miglioramento continuo.

Aprire la mente ed il cuore al mondo, considerando tutte le cose che possono capitare anche quando sono inimmaginabili, significa tendere al miglioramento di sé, sempre. La normativa, nella sua routine applicativa è una procedura piuttosto noiosa e burocratica, ma nella sua fase ideativa e concettuale è davvero illuminante.

È stata un'esperienza professionale che mi ha insegnato molto, un'esperienza che sono riuscito anche a travasare nella vita privata di tutti i giorni perché l'approccio del miglioramento continuo è un modo di ragionare, di pensare, prima ancora che di lavorare.

Ci sono innumerevoli altri esempi della cultura umana nei secoli, da est ad ovest, da nord a sud, in cui viene professato l'impegno per migliorarsi, spesso per altro sottolineando quanto non si debba cercare il risultato, bensì ricercare solo il miglioramento, come metodo. Slegarsi dai risultati. Ma avere sempre un'inclinazione al cammino, al miglioramento, al procedere.

L'acqua che non scorre, imputridisce. L'acqua che scorre, arriva prima o poi, al mare, arricchita ingrossata di infinite altre acque, che via via, lungo il cammino si aggiungono.

Tornando all'argomento principale, coinvolgersi, avere responsabilità nella cura quotidiana del creato, affrontando le sfide che la Natura del mondo e la nostra natura personale ci propongono, non solo è la base della libertà in democrazia, ma consente a ciascuno di noi di perseguire il proprio personale miglioramento, che porta inevitabilmente alla felicità come pienezza dell'esistenza, che a sua volta consente una gestione del creato via via migliore.

Qualche anno dopo Pericle, in Grecia visse un certo Platone. Questo signore amava fare filosofia, cioè ragionare e riflettere su ogni cosa, per capire l'Uomo, il Mondo, la Vita. In fondo credo che ciò che spingeva Platone e tutti i filosofi da secoli, sia la ricerca della felicità, del miglioramento. Una delle idee che ha reso Platone famoso è l'invenzione del mondo delle idee. Mi sia concesso questo giochino di parole, perché in effetti è proprio questo che è successo: il coraggio e la fantasia messi in campo da Platone sono rivolti in particolare nell'identificazione di un ambito del mondo e del nostro cervello che lui chiama Iperuranio. È un posto dove esistono tutte le idee, idee di ogni tipo. L'idea di albero, l'idea di mela, l'idea di donna, ecc…

Queste idee sono degli archetipi: sono l'origine concettuale che ci influenza nel modo di conoscere e catalogare la realtà che ci circonda, dice Platone. La sua idea sulle idee è efficace! Tanto che ancor oggi ci riferiamo, ad esempio, all'idea platonica di vestito, o quadro, o quelchesivuole, per definire un concetto generale, cui tutti i vestiti, quadri, ecc, devono e possono essere riconducibili. In qualche modo, l'idea è perfetta.

L'idea Platonica di libertà, prevede che si viva in un posto dove si è coinvolti nelle decisioni generali e che le attività quotidiane diano frutto per un mantenimento adeguato che a sua volta consente di occuparsi anche delle gestione generale.

Le idee platoniche, si può dire, sono la teoria.

Poi c'è la pratica.

Con tutte le insidie che possiamo immaginare, con il sudore e la polvere che ci ricoprono, con gli strumenti che vanno inventati, rinnovati, costruiti, aggiustati, adeguati e custoditi affinché si possa mettere in atto l'idea. Tutti questi strumenti discendono dalla fantasia dell'Uomo e possono essere fisico/tecnici e/o concettuali. In entrambi i casi sono gli sforzi che l'Uomo compie per tendere al *magis*.

Si è detto, uno di questi strumenti, è il denaro. Pericoloso per l'Uomo fin dai tempi di Aronne, perché ci confonde, ma utile concime sul suolo dell'economia, tanto che la giurisprudenza e il diritto hanno pensato di erigerlo a perno delle funzioni costituzionali dello Stato. Forgiare il martello del denaro, equivale a costruirsi uno strumento talmente utile, che si è deciso di dargli addirittura un nome tutto suo: coniare. Solo lo Stato può coniare. Sovranità Monetaria.

Eppure, nel clangore assordante della vita che disorienta, le idee platoniche hanno bisogno di molti strumenti, molti aggiustamenti, tanto coraggio e tanta fantasia per essere realizzate.

E, sebbene sia fondamentale per i motivi che abbiamo visto, la Sovranità Monetaria, non è sufficiente.

INDICE PROGRESSIVO

11 PELLA, MACEDONIA
341 AC

Aristotele viene chiamato da Filippo II, Re di Macedonia, a palazzo per educare suo figlio Alessandro perché è un uomo saggio e colto, di comprovata bravura come filosofo e scienziato. Aristotele è solito istruire il giovane principe, in modo dinamico, empirico. La pedagogia che adotta il filosofo non tiene Alessandro seduto ad un banco ad ascoltare lunghe spiegazioni che sembrano fatte apposta per essere scordate immediatamente. Invece, insegnante ed alunno esplorano il mondo a piedi e a cavallo traendo spunto per la comprensione dei fenomeni naturali da ciò che vedono, ciò che capita, casualmente. Alcuni anni dopo, Aristotele sentirà il desiderio di fare tesoro dell'esperienza didattica pedagogica vissuta con Alessandro e scriverà una serie di riflessioni in merito all'insegnamento, dedicandole a suo figlio Nicomaco. Per ora, cerca di tenere a bada l'indomabile curiosità del piccolo macedone. Sono diverse settimane che c'è una domanda che Alessandro pone, la cui risposta Aristotele percepisce non essere risolutiva, sia in termini di contenuti e significati, sia in termini didattici. Alessandro sta cercando di comprendere come fa il vento a muovere le foglie degli alberi e le onde del mare, come fa il cavallo a correre così veloce, come può suo padre prenderlo in braccio, alzandolo da terra, con un solo braccio. Lo stesso suo precettore, non ha ancora a disposizione i concetti di cui la fisica dispone oggi, come forza, potenza, lavoro, energia. Sono concetti a dire il vero, i cui significati, per chi non ha studiato fisica, sfumano uno nell'altro e difficilmente riusciamo a rapportare alla realtà delle cose. La stessa nebbia fastidiosa vela anche gli occhi di Aristotele che percepisce la brillantezza ed urgenza dei dubbi di Alessandro, ma non riesce a trovare il modo di dare risposta ai suoi quesiti. Lo chiameranno "lateral thinking", molti secoli dopo; si tratta di una facoltà di pensiero autonoma che abbiamo. Cioè la capacità di continuare e rielaborare idee per risolvere problemi anche quando apparentemente, coscientemente e volontariamente non stiamo facendo questo. Aristotele non può immaginare che lo chiameranno così, ma conosce il fenomeno. Infatti sa bene che a volte è molto meglio lasciar perdere, perché se continui a cercare una soluzione e ti intestardisci, finisce che non risolvi un bel niente ed ottieni solo un gran nervoso e mal di testa. Decide per questo di non pensarci e di rinviare con mestiere le richieste pressanti di Alessandro. La strategia di Aristotele non tarda a dare i suoi frutti. È una mattina di inizio primavera ed Aristotele ha programmato di illustrare ad Alessandro come le gemme apicali sui rami degli alberi divengano fiori e come poi questi si trasformino in frutti, nel corso della stagione successiva, attraverso i semi ed i pollini. Tuttavia un tardivo sussulto di inverno, li costringe a palazzo, perché un gelido vento sferza la pioggia in ogni direzione con violenza. C'è noia e frustrazione nello sguardo di Alessandro, e il suo maestro sente che una parte della lezione quotidiana potrebbe proprio essere quella di imparare ad accettare la noia e la frustrazione. Coglie quindi l'occasione fortuita e tace, appositamente... Le ore della mattina sembrano dilatate ed Alessandro consuma il davanzale della finestra con i gomiti per quante volte si affaccia a vedere se il sole è ricomparso. Proprio in quel torpore noioso, ad un certo momento Aristotele trova la soluzione; nasce come per incanto e si mostra alle luci della ribalta grazie al lavoro del lateral thinking: adesso sa come rispondere a quelle domande di Alessandro, allora esclama <Eureka!>, come fece Pitagora prima di lui, duecento anni prima.

Aristotele immagina di distinguere tra due diversi tipi di energia:

quella in potenza e quella in atto. Per capirci, quando sto guardando una partita di Champions League e mi viene voglia di mangiare qualcosa perché sono nervoso, visto che la mia squadra sta perdendo, devo riuscire a trasformare l'energia che ho dentro, già accumulata nei muscoli, avendo rielaborato il cibo che ho precedentemente mangiato a cena. In potenza posso raggiungere lo scaffale sopra il lavandino in cucina ed afferrare il pacco di popcorn, placando, almeno in parte, la mia irrequietudine da sport. Ma la pigrizia e i continui dribbling di Lionel Messi mi trattengono sul divano, che poi è così comodo, avvolgente. Quindi l'energia che ho, non diviene azione. Lo stato di energia in potenza rimane tale fino all'intervallo, quando la vescica urla a gran voce di essere svuotata, allora colgo l'occasione e trasformo coraggiosamente la potenza in azione, passando anche in cucina per i popcorn.

Alessandro finalmente comincia a capirci qualcosa. Di fatto comprende che esiste un qualcosa che rende un corpo in grado di svolgere dei compiti, sia che poi quest'ultimo li svolga, oppure no.

L'energia è proprio questo: una grandezza fisica che misura la capacità di qualcosa o qualcuno di compiere lavori di qualsiasi tipo. Indifferentemente dal fatto che si impedisca al lavoro di essere eseguito e che quindi non venga compiuto. Possiamo anche dire che l'energia si può scambiare tra i corpi attraverso un lavoro. Se compio lo sforzo di calciare un pallone, l'energia della mia gamba si trasferisce a questo, che varierà la sua condizione di moto nello spazio, cioè volerà via, tanto lontano e nelle direzione che il tipo di energia avrà dettato.

La distinzione tra essere "in potenza" ed essere "in atto" è stata una delle grande intuizioni della filosofia. Questa distinzione esiste comunque in natura, anche se non c'è consapevolezza di questo. Voglio dire che io conosco la differenza tra desiderare di prendere a calci il sedere del mio vicino di casa insopportabile e farlo davvero (tranne rari casi, non ne varrebbe il consumo energetico); mentre una coltre di neve sul fianco di una montagna, non sa che può sviluppare un'energia enorme e distruttiva se un vento più forte del solito o un brusco cambio di temperatura, cambiano lo stato di equilibrio. Tutta quella neve è in atto una meravigliosa coperta bianca, in potenza è una specie di bomba atomica. Prima ho detto che l'energia è qualcosa che può essere scambiato tra corpi attraverso un lavoro: l'energia del mio corpo, può violentemente essere trasferita alle terga del mio vicino attraverso il lavoro di un calcio e lo strumento battente di una gamba. Lo strumento...

INDICE PROGRESSIVO

14   Bilanciare le equazioni. Roma, Oggi

15   Promesse d'amore. Roma, Dicembre 2005

16   Comprendere o intuire? Roma, Agosto 2015

17   Costo, valore e valore del valore. Roma, Oggi

18   Cumannari è megghiu ca futtiri. Roma, Oggi

19   Roma, 8 aprile 2005

20   Non si capisce perché. Roma, Oggi

21   M.C. Escher. Roma, Oggi

12 ENERGIA IN POTENZA, ENERGIA IN ATTO E STRUMENTI. ROMA, OGGI

A volte per trasferire energia e quindi usarla, bisogna avere uno strumento. Pensate all'energia che serve al fabbro per battere il metallo fuso, fino a modellarlo. Lasciando un attimo da parte la grande energia che serve per fondere i metalli, poniamo attenzione al fatto che per trasferire la sua energia personale al metallo, in modo da modellarlo a sua piacimento, il fabbro ha bisogno di un martello. Di fatto il corpo del fabbro non tocca il metallo (e come potrebbe, viste le temperature?), eppure la sua energia viene trasferita al metallo, attraverso un lavoro e grazie ad uno strumento. Pensiamo a Leonardo da Vinci: dando per scontati creatività e talento necessari a dipingere la Monna Lisa, per trasferire l'energia dalla sua mano al colore, in modo che sia spalmato sulla tela fino a realizzare il volto della donna, c'è bisogno di un pennello.

Se non hai strumenti, l'energia potrebbe non passare da "in potenza" ad "in atto". Guardate che non è cosa da poco individuare tale differenza con semplicità. Aristotele ha avuto davvero una grande intuizione. Di Aristotele però non credo si sia mai saputo cosa pensasse dell'assenza di energia, o della sua origine. Sembrerebbe che il fatto che ci sia energia, sia scontato. Un dato di fatto. O forse la sua grandezza sta proprio nella famosa distinzione, perché a ben vedere se non ci sono le condizioni o gli strumenti per rendere "in atto" ciò che è in "potenza" è come se l'energia non ci fosse. Il risultato per noi umani, in effetti non cambia. C'è o non c'è, l'energia, se non puoi trasformarla in qualcosa di utile, è come se non ci fosse. Ve lo ridico perché per me è determinante cogliere l'infinita prospettiva della distinzione che ha immaginato Aristotele: di fango per impastare enormi mattoni per fare le piramidi, ne era pieno l'Egitto; ma come diventava questo fango mattoni e poi mattoni impilati fino a formare quella meraviglia di architettura che sono le piramidi? Gli schiavi. Avete presente quelle isolette artificiali fatte a forma di palma (appunto, Palm Islands) che sono state fatte di recente davanti alla costa di Dubai? Il progetto è altrettanto faraonico, ma in questo caso immaginate quanti soldi (cioè strumenti) sono stati spesi per l'energia umana e meccanica necessaria per realizzare questa suggestiva opera di ingegneria?

Tu puoi anche avere la Sovranità Monetaria, come del resto hanno a Dubai, ma senza energia i tuoi strumenti valgono nulla. Ed allora l'energia dei tuoi progetti e l'inerzia che creerà (che spesso chiamiamo "indotto") da potenza non passerà mai in atto.

Le piante trasformano l'energia del Sole in energia per vivere. Noi abbiamo inventato un modo di usare il silicio, tale da trasformare l'energia solare in energia elettrica, trasportabile ed usabile. È pazzesco ma provate ad immaginare quanta energia del sole riceviamo che non abbiamo mai pensato di trasformare da "in potenza" ad "in atto", per (in)cultura, per pigrizia, per interesse (piuttosto miope ed egoistico!), per mille altri motivi, pensate a quanta energia del vento, delle enormi masse delle maree, dei fulmini, dei vulcani e perfino dei terremoti. Abbiamo energia tutt'attorno. Ma non abbiamo gli strumenti per trasformala in energia fruibile. Ma perché? Perché non ci impegniamo abbastanza a rendere "in atto" ciò che il pianeta ci regala in abbondanza in potenza? Ce lo regala ogni momento, ovunque, per tutti, con facilità. Eppure noi preferiamo investire miliardi di €uro e $ollari ogni anno da oltre un secolo per andare a cercare in luoghi difficilissimi da raggiungere come gli abissi dei mari, il petrolio. Facciamo una fatica bestiale per andare a prendere il petrolio, costruiamo navi enormi, assumendoci rischi e costi elevatissimi, per trasportare questo petrolio ovunque nel mondo, facciamo fatica per renderlo raffinato (cioè portarlo da "in potenza" a "in atto") e poi spendiamo altre cifre da capogiro per dispacciarlo praticamente ovunque in modo che chiunque possa comprarlo. Tutto questa fatica e spesa enorme per ottenere degli scarti che ci stanno uccidendo. Scarti come CO_2 e polveri sottili. La prima ci sta rendendo il pianeta un posto caldissimo, dal momento che quel gas trattiene il calore del sole molte volte in più che l'ossigeno e l'azoto di cui è composta principalmente l'atmosfera. Le seconde sono responsabili di molte complicazioni polmonari e respiratorie che portano asma ed allergie nelle nuove generazioni che abitano le zone maggiormente inquinate del pianeta. Cioè, riepilogando, spendiamo montagne di soldi e facciamo tantissimo lavoro per trovare, estrarre, trasportare, raffinare e dispacciare una fonte energetica il cui utilizzo degrada fortemente il nostro habitat, quando avremmo sole e vento direttamente disponibili attorno a noi, che se li trasformiamo da energia "in potenza" ad energia "in atto" per i nostri usi quotidiani, non hanno scarti di nessun tipo e sono infiniti, si auto rinnovano, sempre. Per quale motivo accade questo?

Aristotele ci aveva insegnato la differenza, eppure noi, dopo 23 secoli, l'abolizione degli schiavi, la prima rivoluzione industriale, le diverse crisi energetiche ancora non abbiamo capito quanto è importante l'energia e, ancora più importante, saperla distinguere tra "in potenza" ed "in atto".

Rimaniamo in tema di petrolio e carburante: esso ci serve perché bruciandolo, cerchiamo di trattenere parte del calore che sprigiona, e trasformiamo questa energia termica in energia meccanica. A volte ci accontentiamo dell'energia termica per riscaldarci, senza doverla trasformare in energia meccanica, con strumenti come pistoni, bielle, ecc. ed anche in questo caso diamo per scontato qualcosa. Il carburante può essere incendiato, e quindi usarne il calore in diversi modi, solo se c'è il comburente. Viene definito carburante ciò che fisicamente prende fuoco nel processo di combustione, ma questo processo necessita di un elemento che permetta l'ossidazione. Normalmente si tratta dell'ossigeno che abbiamo tutt'attorno, ma molti altri elementi e composti possono avere questa funzione. Siccome di comburente ne abbiamo a disposizione moltissimo e gratuito, dimentichiamo che sia necessario quanto il carburante, perché senza l'uno, l'altro non può dar luogo alla combustione.

Per la Sovranità Monetaria è lo stesso: senza l'energia disponibile, non serve a granché!

Gli strumenti senza energia, sono inutili. L'energia in potenza, senza strumenti per trasformarla in atto, è vana.

INDICE PROGRESSIVO

13 BAGHDAD
818 DC

Il califfo al-Ma'mun regna da cinque anni quando conosce Abu Ja'far Muhammad ibn Musa al-Khwarizmi. Il califfo ha in mente già da tempo di tradurre dal greco molti testi e vuole far costruire un edificio che ospiti molteplici opere di cultura generale sia in lingua originale sia tradotte. Decide di nominare questo edificio Bayt al-Hikma e di fatto fonda un'importante biblioteca che ha però anche una funzione sociale simile all'agorà greca o, mille anni più tardi, ai caffè viennesi. Il califfo ha in mente un luogo che permetta l'incontro delle persone e delle loro idee. Uno dei motivi principali che portano al Ma'mun ad investire in questo progetto è quello di far elevare il popolo in modo che nella battaglia ideologica contro i gli occidentali, i persiani risultino più colti, quindi migliori. Questo episodio storico importante potrebbe servire a dar maggior sostegno all'idea del magis o del miglioramento continuo, di cui si è già detto, ma per la logica di questo scritto qui ci interessa anche un altro fatto. E cioè che il califfo, come ogni uomo di potere dotato di raffinata intelligenza per ideare strategie politiche significative, si circonda di uomini di grande cultura settoriale, cui affidare la gestione quotidiana di aspetti cruciali dello Stato. Uno di questi è appunto Abu Ja'far Muhammad ibn Musa al-Khwarizmi. Quest'uomo è famoso in Persia per i suoi studi su matematica e astronomia che applica poi alla geografia. Ha però anche delle doti che oggi vengono definite "trasversali". Lui è un leader e sa organizzare le cose. È questo il motivo per cui il califfo decide di affidargli il compito di dirigere la biblioteca di Baghdad. Muhammad svolge il suo lavoro talmente bene che il termine "algoritmo", per indicare una sequenza preordinata di azioni matematiche per risolvere un dato problema, deriva proprio dall'ultima parte del suo nome. Non solo: il termine "algebra" deve il suo etimo al titolo di una delle sue opere più importanti che aveva appunto la matematica come argomento. Il titolo originale è al-Kitab al-mukhtasar fi hisab al-jabr wa al muqabala. Il termine al-jabr significa risolvere quelle operazione matematiche complesse che oggi chiamiamo equazioni di II grado.

Vi ho detto in precedenza quanto sono importanti gli strumenti. Si è parlato di strumenti fisici di cui l'uomo ha bisogno per fare gran parte delle sue attività quotidiane. C'è un'altra categoria di strumenti altrettanto importanti: si tratta di quelli concettuali. Sono dei costrutti della mente che l'uomo inventa per interagire con il suo ambiente e con i suoi fratelli umani. Strumenti di scienza, di lavoro, ma anche più giocosi e ricreativi.

In questa categoria, un posto di grande rilievo lo occupa certamente la matematica, in tutte le sue espressioni. È uno strumento di grande potenza perché, in definitiva, ha la straordinaria capacità di permettere all'uomo di rappresentare ogni cosa, con un ottimo livello di fedeltà. Certo, si tratta sempre di una rappresentazione e non di una copia fedele della realtà, ma questo non è un difetto: anzi, è proprio uno dei suoi pregi. L'uomo infatti necessita di rappresentare il suo cosmo, per averne una copia maneggevole, sebbene rappresentativa, in modo da poterla studiare, sperimentare, conoscere. Un modellino di un qualsiasi oggetto, poniamo un mappamondo, è una copia maneggevole della Terra, che permette di avere percezione immediata delle distanze e dei confini tra gli stati. Allo stesso modo la matematica rappresenta aspetti del nostro creato, in maniera maneggevole. Va fatta molta attenzione a non fare l'errore di scambiare le rappresentazioni matematiche, come ogni altra, per la realtà. Essa è molto di più e spesso è talmente complessa e perfetta che risulta incommensurabile. Però una rappresentazione matematica rimane uno strumento per agire di assoluto pregio e di grande utilità, in ogni campo.

Pensate alle superfici curve della scocca e del telaio di una monoposto di Formula1: dalla capacità di penetrare l'aria, di avere portanza e dare stabilità alla guida, oltre che dal talento del pilota, dipende la vittoria o meno di un Gran Premio. Ognuno di questi pezzi che le scuderie creano, viene studiato al computer attraverso rappresentazioni matematiche. Ma la matematica è applicabile, con mestiere e fantasia ad ogni ambito delle attività umane. Perfino alle scienze sociali. La statistica, ad esempio. L'analisi numerica dei fenomeni sociali, consente agli studiosi di improntare soluzioni in ambito di urbanistica, di politica, di economia.

Il califfo ha quindi visto davvero giusto nell'affidare a Muhammad il delicato incarico di gestire la biblioteca. Tutto il patrimonio di sapere matematico che sta lasciando in eredità al mondo, è uno dei bagagli culturali più importanti che l'uomo abbia mai tramandato.

La logica dell'equazione, ad esempio è quella che vede un'uguaglianza tra 2 espressioni, separate appunto graficamente dal segno =. Queste due espressioni hanno la caratteristica di contenere tra i propri termini delle variabili inizialmente sconosciute, chiamate variabili incognite e rappresentate solitamente dal segno x, ma possiamo trovare figurati anche altri simboli dell'alfabeto, a seconda del numero di incognite presenti.

Questo tipo di rappresentazione del mondo ha l'enorme potenza di poter descrivere oggetti e fenomeni della vita quotidiana in cui ci sono aspetti che al momento non riusciamo a comprendere, o meglio a identificare nella loro portata quantitativa e qualitativa. Risolvendo le equazioni riusciamo, per così dire, a *dare un nome* ad aspetti prima sfuggenti.

L'entità complessiva di ciascuna delle espressioni a destra e sinistra del segno = devono quindi equivalersi.

Questo scritto è partito proprio mettendo l'accento sul fatto che a volte, qualcosa non torna. C'è un'incognita che ci sfugge.

Se potessimo rappresentare con un'equazione, sebbene complessa oltremodo, la situazione che si è creata nel corso dei secoli, nei diversi ordinamenti sociali e culture che si sono avvicendati, tra forma di governo e tipo di economia, troveremmo che certamente una delle incognite il cui valore determina il livello di libertà sociale, e quindi il tasso di avanzamento e di modernità del sistema sociale stesso, è la Sovranità Monetaria.

Detto in maniera più semplice, dal momento che il nostro amico Pericle ci ha insegnato che per avere libertà, i cittadini devono governare insieme lo Stato e poter agire in modo da avere frutto dall'ambiente, allora questi devono poter avere liberamente accesso al denaro, inteso come strumento efficace, veloce e potente per gestire l'economia, la cui riuscita soddisfacente per tutti, garantisce, a sua volta, a tutti di potersi occupare anche del governo del paese. L'equazione vede da un lato la democrazia e dall'altro l'economia. Esse equivalgono a patto che l'incognita rappresentata in ciascuna delle due espressioni sia la Sovranità Monetaria e che il suo valore significhi che ci sia un fluido e funzionale accesso da parte dei cittadini al denaro.

La teoria alla base di questo mio ragionamento è che se adottiamo un'equazione anche per il nostro attuale sistema sociale dell'UE, non riusciremmo più a far coincidere le due parti di questa. Qualcosa non torna. Ed è sotto gli occhi di tutti, nel mondo, quanto il vecchio continente che da secoli esporta innovazione culturale, abbia un momento di stanca piuttosto preoccupante. Non riusciamo a comprendere quale variabile incognita inserire in entrambe le espressioni di democrazia/libertà ed economia, per bilanciare il sistema. Certamente la Sovranità Monetaria non c'è più. E questo è un problema enorme. Ma non basta. Manca ancora qualcosa.

INDICE PROGRESSIVO

La potenza di strumenti come la matematica. Le incognite delle equazioni per individuare cosa non va.

14   Bilanciare le equazioni. Roma, Oggi

15   Promesse d'amore. Roma, Dicembre 2005

16   Comprendere o intuire? Roma, Agosto 2015

17   Costo, valore e valore del valore. Roma, Oggi

18   Cumannari è megghiu ca futtiri. Roma, Oggi

19   Roma, 8 aprile 2005

20   Non si capisce perché. Roma, Oggi

21   M.C. Escher. Roma, Oggi

14 BILANCIARE LE EQUAZIONI
ROMA, OGGI

Prendiamo ad esempio il caso dell'Italia. Il mio Bel Paese, ha l'orgoglio di avere una produzione energetica a partire da fonti rinnovabili tra le più alte al mondo, se rapportata all'estensione del suolo nazionale e del numero di abitanti. Questo però non basta se non in percentuale davvero ridotta al fabbisogno energetico del paese. Allora compriamo energia o combustibili fossili come petrolio e gas, da altri paesi. Dai nostri vicini di casa francesi ci approvvigioniamo di energia elettrica (che loro producono attraverso lo sfruttamento di centrali nucleari), da paesi come Libia e Russia compriamo greggio e gas. In questo momento del ragionamento non è importante considerare le quantità esatte di "cosa", oppure se il prezzo è competitivo o ancora quanto sarebbe importante, visto la naturale inclinazione alle rinnovabili del paese, investire per ottenere risultati ancora migliori, cercati e non casuali. Poniamo di tornare ad avere la Sovranità Monetaria. E poniamo pure che la Banca Centrale Italiana ha finalmente compreso che il concetto di inflazione, così come lo abbiamo conosciuto nel secolo scorso e come viene ancora descritto dai manuali di economia, è superato e non è affatto più una dinamica dell'attuale mondo economico. Quindi lo stato decide di immettere sul mercato moneta finanziando una serie di opere infrastrutturali e servizi per innalzare la qualità della vita attuale ed investire su quella futura. A questo punto potrebbe sorgere un problema: l'inflazione potrebbe tramutarsi in estorsione. Sul mercato interno la moneta non diminuirebbe di valore solo per il fatto di finanziare molteplici attività utili al paese. Anzi: rendendo il paese migliore, un volume ancora maggiore di turisti, verrebbe in Italia, accrescendo la domanda di denaro da spendere in loco. Quindi, a partire dal mercato interno, con questo sistema, la moneta acquisterebbe valore anche su quello estero per via della crescente richiesta. Affinché tutte queste attività e servizi aggiuntivi, sommati alle tradizionali attività dell'economia e del lavoro, possano esistere, serve energia, tanta energia che però noi compriamo in larga parte all'estero. Un paese venditore di energia o fonti energetiche, sapendo che uno Stato Sovrano come l'Italia emette moneta per comprare ciò che serve ai cittadini (compresa l'energia), potrebbe decidere di alzare i prezzi, dal momento che quella italiana è pure diventata valuta pregiata. Allora sì che stampare moneta creerebbe un fenomeno di riduzione del valore della stessa, ma sarebbe più collegabile all'eventuale volontà di compiere un'estorsione da parte di un paese nei confronti di un altro.

Certamente, ho reso semplici meccanismi che hanno complessità politiche e sociali davvero maggiori, ma il funzionamento generale e la sua logica sono questi!

Ecco perché l'equazione non si riesce a bilanciarla: manca qualcosa...

Mi pare proprio di averlo già detto, se vuoi nascondere qualcosa, mettilo sotto gli occhi di tutti. Ed infatti ciò che equilibra l'equazione è una seconda variabile: l'energia. O meglio, l'energia insieme alla Sovranità Monetaria.

Affinché ci sia libertà in un sistema democratico è necessario che un paese riesca ad abbinare Sovranità Monetaria ad Indipendenza Energetica. Il problema energetico del mondo non va visto più solo come un fatto da ambientalista che vuole salvare specie animali a rischio.

LS 118

Per il papa *[...] Non c'è ecologia senza un'adeguata antropologia. [...]*

La dipendenza dei paesi da fonti fossili di energia va vista prima che un attacco all'ambiente, in quanto inquinante, come inconciliabile con i sistemi sociali democratici che vogliano dare seguito concreto all'adesione di programmi internazionali che credono nell'autodeterminazione dei popoli.

Alla fine del capitolo 49 di Laudato Si, compare per la prima volta nel testo, questa nuova versione di ambientalismo che poi è il fondamento di ciò che scrissi depositandolo alla SIAE

[...] Questa mancanza di contatto fisico e di incontro, a volte favorita dalla frammentazione delle nostre città, aiuta a cauterizzare la coscienza e a ignorare parte della realtà in analisi parziali. Ciò a volte convive con un discorso "verde". Ma oggi non possiamo fare a meno di riconoscere che un vero approccio ecologico diventa sempre un approccio sociale, che deve integrare la giustizia nelle discussioni sull'ambiente, per ascoltare tanto il grido della terra quanto il grido dei poveri [...].

L'equazione ha cominciato a non poter essere bilanciata quando sono cambiati i termini delle espressioni e noi non ce ne siamo accorti, oppure abbiamo preferito chiudere un occhio.

Da sempre chi ha potere, sia che sia nelle mani di un tiranno, sia che sia nelle mani di un gruppo esclusivo, più o meno illuminato, di persone, sia che sia un sistema aperto con ecclesia che include e coinvolge piuttosto di sottomettere ed emarginare, è intimamente connesso con il possesso di fonti energetiche. Nell'Atene di Pericle, nonostante si siano poste le fondamenta della crescita sociale, vigeva ancora la schiavitù. E cioè la fonte energetica principale di quel periodo erano persone costrette a lavorare senza essere retribuite e senza avere la libertà di decidere per sé stessi. Chi possedeva schiavi, aveva energia ed aveva pure il potere. E nei secoli non è cambiato nulla. Forse cambierà, ma non è ancora successo. Né nulla fa presagire che cambi nei prossimi anni. Solo che ha cambiato forma. È qui il punto! La schiavitù dei greci e dei romani ad un certo punto è cambiata; è venuta la schiavitù della gleba, il cui perno era il possesso non più di persone, ma di territori. La fonte principale dell'energia era la terra ed in nome di questa si schiavizzavano le persone per lavorarla. È nato poi il fenomeno del mercantilismo. Questo è stato l'inizio del periodo che a poco a poco ha fatto sì che l'equazione non fosse più bilanciata. Nel medioevo nascono i primi istituti di credito. Qualcuno cominciò a creare ricchezza attraverso l'investimento di denaro piuttosto che nello sfruttamento di fonti energetiche (siano esse schiavi od altro). Una nuova classe sociale va affermandosi in Europa a partire dal 1400 con l'avvento di quel fenomeno culturale che chiamiamo Rinascimento. Si afferma una classe di persone che crea la propria fortuna prendendo i soldi in prestito dalle banche e facendoli fruttare con la propria energia di andare per il mondo importando ed esportando prodotti. Questa nuova classe vuole libertà sociale e diritti. Perché ha compreso, non tanto in maniera etica, ma almeno in maniera utilitaristica che la libertà fa bene agli scambi ed agli affari. *Se ci sono più persone ricche, io mercante ho un potenziale di clienti maggiore.*

Un po' perché l'energia per fare tutta questa attività ce la mettevano i mercanti in prima persona, un po' perché qualche schiavo (in forme diverse) c'era ancora, un po' perché la produzione di beni in quei secoli richiedeva moltissima energia in meno rispetto ad oggi, nessuno si accorse che le cose stavano cambiando. La rivoluzione industriale del '700, con le sue futuristiche locomotive a vapore, era fumo negli occhi, e non si trattava di quello del carbone. Si sostituirono le schiavitù con le fonti fossili. Cosa che permise effettivamente, almeno sulla carta, di migliorare le condizioni sociali. Forse è più giusto dire "almeno in potenza". Perché "in atto" non cambiò nulla. Il potere sociale passò da chi possedeva schiavi o terra, a chi possedeva fonti fossili. E ad oggi non è cambiato; tranne che per un aspetto…

Ecco ciò che permette di bilanciare l'equazione dei sistemi sociali in cui dai due lati del segno "=" ci sono democrazia ed economia: la relazione reciproca ed indissolubile di Sovranità Monetaria ed Indipendenza Energetica.

LS 139

Laudato Si sembra voler affermare la stessa cosa: se la mancanza di Sovranità Monetaria crea una crisi sociale, l'utilizzo di energia di derivazione *elitaria, privata e fossile*, genera crisi ambientale [...] *Non ci sono due crisi separate, una ambientale e un'altra sociale, bensì una sola e complessa crisi socio-ambientale. Le direttrici per la soluzione richiedono un approccio integrale per combattere la povertà, per restituire la dignità agli esclusi e nello stesso tempo per prendersi cura della natura. [...]*

E questo perché per la prima volta nella storia dell'uomo, esistono le condizioni sociali, politiche, culturali e tecnologiche affinché si possa con facilità da parte di chiunque accedere all'energia necessaria alle attività economiche e politiche del paese. Puoi scoprire un giacimento di petrolio e sfruttarne l'oro nero solo se hai molti carri armati per invadere il paese nel cui sottosuolo giace il greggio e se hai molti soldi per scavare in profondità, estrarre, trasportare, raffinare e dispacciare il carburante. Quanti di voi che state leggendo, hanno questa possibilità economica oltre che il desiderio di attuare questo intento? Credo pochi, pochissimi, forse nessuno...

Mentre ciascuno di voi avrebbe la possibilità economica e tecnologica di sfruttare il sole che splende sopra casa sua o di intrappolare il vento che soffia nei prati attorno a casa sua.

La maggior parte delle persone in occidente possiede un'automobile. Quest'ultima è un bene che ha la pessima caratteristica di perdere buona parte del suo valore già quando esce dal concessionario e ancora non si è percorso neanche un km. L'automobile è un bene che deperisce velocemente con l'utilizzo, e che inoltre ha bisogno di tantissima costosa manutenzione, e poi può essere facilmente rubato. Facciamo un attimo di riflessione su questa anomalia economico razionale del nostro sistema socio-culturale. In occidente le banche finanziano aziende e persone a tassi agevolatissimi per acquistare un bene il cui valore si perde con la volatilità del polline a primavera. Però pochissime persone, a confronto decidono di investire in un sistema di produzione di energia da fonti rinnovabili, che costa quanto un automobile, ma non necessita di manutenzione, se non pochissima, produce reddito nel tempo, e a differenza delle auto, non inquina. E valla a trovare una banca che ti finanzia un sistema di produzione energetica personale. Però un'auto te la finanziano di corsa... è un'anomalia enorme del sistema economico ed una falla preoccupante della razionalità umana.

Per quale motivo permettiamo che Paesi ed aziende comprino il nostro territorio e le sue ricchezze? Non si può andare in un Paese estero e dominarlo per accaparrarsi le sue foreste (in Amazzonia ad esempio, le multinazionali occidentali, disboscano per utilizzare il legname e per avere terreni agricoli o per gli allevamenti senza che le popolazioni locali beneficino del vantaggio economico ottenuto, ammesso che sia di una qualche soddisfazione a fronte della catastrofe ambientale), il suo petrolio (da tutto il Novecento, l'Occidente influenza a suo piacimento i delicati equilibri sociali del medio oriente, sfruttando a proprio vantaggio esclusivo il petrolio del loro sottosuolo), i diamanti ed altre gemme (nel cuore dell'Africa alcuni tra i più grandi produttori di gioielli occidentali, sventrano colline e pianure e schiavizzano le persone del luogo per scovare i diamanti grezzi. A nessuno di questi africani viene data la giusta parte di guadagni ottenuti nonostante questi tesori siano loro.)

LS 93

[...] San Giovanni Paolo II ha ricordato con molta enfasi questa dottrina, dicendo che «Dio ha dato la terra a tutto il genere umano, perché essa sostenti tutti i suoi membri, senza escludere né privilegiare nessuno».[72] Sono parole pregnanti e forti. Ha rimarcato che «non sarebbe veramente degno dell'uomo un tipo di sviluppo che non rispettasse e non promuovesse i diritti umani, personali e sociali, economici e politici, inclusi i diritti delle Nazioni e dei popoli» [...].

INDICE PROGRESSIVO

La potenza di strumenti come la matematica. Le incognite delle equazioni per individuare cosa non va.

14 Bilanciare le equazioni. Roma, Oggi

La Sovranità Monetaria senza libero accesso all'energia è uno strumento inutile. L'incognita che bilancia l'equazione dell'attuale condizione sociale è l'Indipendenza energetica, insieme alla Sovranità Monetaria.

15 Promesse d'amore. Roma, Dicembre 2005

16 Comprendere o intuire? Roma, Agosto 2015

17 Costo, valore e valore del valore. Roma, Oggi

18 Cumannari è megghiu ca futtiri. Roma, Oggi

19 Roma, 8 aprile 2005

20 Non si capisce perché. Roma, Oggi

21 M.C. Escher. Roma, Oggi

15 PROMESSE D'AMORE
ROMA, DICEMBRE 2005

È una sera come tante, piove.

Nell'aria c'è già, allegro, lo Spirito del Natale. Si è ben disposti verso la vita e la socialità, anche se la notte buia e fredda induce a restare sul divano, sotto un plaid. Mia sorella propone di andare al cinema ed io acconsento. Nel tragitto, in auto, decidiamo di andare in un multisala e scegliere all'ultimo a quale proiezione assistere. È appena uscito un film-documentario, pare sia molto bello: si intitola la Marcia dei pinguini. L'intento delle riprese è quello di raccontare la vita di questi uccelli che non volano e vivono al Polo Sud in condizioni ambientali estreme. Le più estreme del pianeta. L'anno solare di questi eleganti nella livrea ma goffi nei movimenti esserini è scandito dalle tappe di un eterno camminare tra il mare, sulla costa e il centro del Polo, attraverso chilometri e chilometri di ghiaccio. Sulla costa, presso le rive, i pinguini mangiano pesci a sazietà, ingrassando tanto da poter resistere diverse settimane senza mangiare, per fare ritorno al luogo dove ci si accoppia. I pinguini sono deliziosi perché, così fragili ed indifesi, fanno dell'amore e del rapporto di coppia la loro unica arma per esistere e resistere. Essi scelgono un partner e lo mantengono per sempre. Per poter covare l'unico uovo che depone la madre, si danno il cambio: uno va al mare a fare riserve di grasso, l'altro lo attende, solo, flagellato da tempeste polari ad ottanta gradi sotto zero. Il momento in cui il partner sfamato torna è toccante come un vecchio film francese che parla d'amore. I due uccelli si ritrovano e si scambiano carezze e coccole. Poi è il momento più delicato. Devono scambiarsi l'uovo. I pinguini lo covano appoggiandolo alle zampe, in modo che non tocchi il ghiaccio che lo gelerebbe, l'uccidendolo; quindi lo coprono con il grasso dell'addome per dargli il calore necessario allo sviluppo. L'operazione va fatta con velocità altrimenti l'ovetto si congela, ma con perizia infinita, perché se cade, si rompe. Mia sorella ed io, come tutta la platea del cinema, assistiamo col fiato trattenuto: qualche coppia sbaglia e il loro cucciolo non nascerà... tanta fatica, tanta dedizione e sacrificio, poi un gesto maldestro e tutto finisce. Una lacrima mi gonfia l'occhio e ho l'addome che vibra per l'emozione. La maggior parte delle coppie di pinguini riescono a scambiarsi l'uovo e così ricominciano a marciare verso il mare, verso il cibo. E il ciclo si conclude, riiniziando. È la vita. Meravigliosa. Inarrestabile. È la natura, il creato. Usciamo dal cinema gonfi di bellezza e penso a come sia bizzarro che il poderoso Tirannosaurus Rex, con le sue 70 tonnellate di muscoli ed aggressività non sia riuscito ad adattarsi ad un nuovo clima che andava affermandosi. Mentre un uccellino timido ma eroico, con la forza dell'amore e dell'abnegazione, ogni anno, da secoli, sconfigge l'interminabile inverno polare. Ho sempre pensato che avrei voluto fare qualcosa per contribuire alla conservazione dei delicati, fantasiosi ed inestimabili equilibri e sistemi del nostro pianeta, che spesso con i nostri comportamenti, mettiamo in crisi o distruggiamo proprio. Quella sera feci una promesso a me stesso: appena ne avessi avuto l'occasione, avrei dato anche io il mio contributo.

Quella sera non potevo sapere che alcuni mesi dopo, in primavera, avrei conosciuto la donna che poi sarebbe diventata mia moglie, Veronica. Capii subito che lei era quella giusta, e quasi subito, le proposi di vivere insieme. Nel dicembre del 2007, una sera, pioveva e associai questa cornice alla *marcia dei pinguini*, film che lei non aveva ancora visto. Ne affittai una copia e dopo cena ci gustammo le avventure del regno del ghiaccio. Il film è romantico anche se lo vedi da solo, figuriamoci con la tua fidanzata. Lungo i titoli di coda, spinto dai venti burrascosi delle emozioni, faccio una promessa a quella che sarebbe stata la madre di mia figlia. Promisi, solennemente, che mi sarei impegnato a fondo per mitigare e ridurre l'impatto dell'Uomo sul clima. Promisi che non avrei permesso che lo scioglimento dei ghiacci mettesse in discussione l'esistenza di specie come i pinguini. Non volevo che eventuali nostri figli dovessero crescere in un mondo dove la Natura non è così meravigliosa come prima dell'intervento umano. Sono promesse che si fanno in particolari momenti di slancio, poi la vita torna a scorrere come prima…

Io invece cominciai davvero a pensare a come fare per mantenere le promesse!

INDICE PROGRESSIVO

La potenza di strumenti come la matematica. Le incognite delle equazioni per individuare cosa non va.

14 Bilanciare le equazioni. Roma, Oggi

La Sovranità Monetaria senza libero accesso all'energia è uno strumento inutile. L'incognita che bilancia l'equazione dell'attuale condizione sociale è l'Indipendenza energetica, insieme alla Sovranità Monetaria.

15 Promesse d'amore. Roma, Dicembre 2005

Avevo promesso a mia Moglie ed a me stesso di impegnarmi nella cura della nostra casa comune. Questo scritto è l'inizio del mio impegno.

16 Comprendere o intuire? Roma, Agosto 2015

17 Costo, valore e valore del valore. Roma, Oggi

18 Cumannari è megghiu ca futtiri. Roma, Oggi

19 Roma, 8 aprile 2005

20 Non si capisce perché. Roma, Oggi

21 M.C. Escher. Roma, Oggi

16 COMPRENDERE O INTUIRE?
ROMA, AGOSTO 2015

Vi ho detto che ho delle idee e vi ho detto che quando le ho scritte nel marzo del 2013 non c'erano molte persone che mettevano in stretta relazione forma di governo, tasso di libertà, sovranità monetaria, e fonti energetiche. Decisi poi di depositare i diritti di questo scritto che però non comprendeva il percorso logico e culturale che mi portò a quelle riflessioni. Ho deciso di farlo oggi, dopo che mi accorsi che alcune pagine finali dell'esortazioni apostolica Evangelii Gaudium hanno riflessioni sovrapponibili alle mie, ma soprattutto dopo che ho letto l'ultima lettera enciclica di Francesco, Laudato Si. Facendo questo, ho notato che a volte il travaglio che un pensiero sopporta prima di venire alla luce, è parte integrante del pensiero stesso. E mentre faccio questa riflessione mi viene in mente Socrate e l'arte della maieutica. Sua madre svolgeva la nobile ed antica professione di levatrice. In greco antico *maieusis* significava appunto levatrice. Socrate era solito raccontare ai suoi discepoli che lui aveva imparato da sua madre l'arte di far nascere. Sua madre si dedicava alle puerpere ed i loro cuccioli, lui alle persone, ed alle loro idee. Da sempre è molto importante come le idee possono trovare ospitalità presso di noi. Come possono passare dall'essere una nebbia impalpabile nella nostra mente, a qualcosa di coinvolgente e trascinante, una volta condivise con altre persone. Questo perché, anche se un albero si giudica dai suoi frutti e non dalle sue radici, in effetti la qualità della terra in cui l'albero affonda queste radici e l'andamento climatico della stagione possono rendere un frutto buono da mangiare e vitaminico, oppure poco saporito e con pochi principi nutritivi. Ho cercato quindi di condividere cosa e come mi ha portato a determinate idee per due motivi: conoscere cosa mi ha stimolato alcuni pensieri potrebbe (nelle scienze sociali il condizionale è d'obbligo, perché la scientificità è affidata alla pubblicabilità, controllabilità e ripetibilità di ciò che si afferma e non al superamento di prove matematiche o di laboratorio) mettere il lettore nella condizione di afferrare l'intenzione di questi miei pensieri che a ben vedere non sono altro che intuizioni. Nei fumetti un'intuizione viene da sempre raffigurata come una lampadina che si accende sopra la testa di un personaggio. Questo per rendere conto dell'immediatezza di un pensiero nuovo e del fatto che a chi balza in mente, un'idea sembra avere il potere di illuminare, rischiarare certi argomenti che prima apparivano oscuri. Questa immediatezza riesce ad avere la schizofrenica caratteristica di essere "immediata" al suo creatore (spesso involontario) ma piuttosto complicata ed inaccessibile a tutti gli altri. Scomodando Immanuel Kant, si potrebbe dire che questa esplosione di pensiero è quella che lui definiva intuizione intellettuale. Per Kant l'intuizione intellettuale è la forma di conoscenza più profonda, in qualche modo archetipa, e per questo pura, perfetta. Però questa è una conoscenza interiore che non si può comunicare se non "mediandone" il contenuto. Questo processo, dico io, è complesso e non sempre efficace; in ogni caso mediare ciò che è immediato comporta una condivisibilità basata sulla perdita della forma soggettiva iniziale ed originaria. Insomma, desidero raccontarvi cosa m'influenza nel pensiero. Ma, piuttosto che mediare ciò che intuisco, credo sia più efficace fare in modo che possiate più che comprenderlo, intuirlo anche voi; seguendo la mia stessa strada. Il secondo motivo è che desidero non essere scambiato per un qualunquista superficiale. La forma delle idee che a seguire vi riporterò è per sua natura semplice. Non semplicistica. Credo che le idee più facilmente trasmissibili siano quelle facili da afferrare. Però è anche giusto fondare le proprie intuizioni su qualcosa di stabile, forte ed "alto". Un po' come quando Isaac Newton, scienziato e filosofo inglese che visse a cavallo tra '600 e '700, diceva < sopra le spalle dei giganti, si può vedere più lontano>. Sono salito su spalle come quelle di Pericle, Aristotele, Marx, Weber, e molti altri più o meno famosi, più o meno importanti, ma comunque dalle spalle larghe. E da là sopra ho provato a guardare più lontano, perché ho promesso a mia moglie che se avessimo avuto dei figli (e abbiamo Sara) avrei fatto tutto ciò che è in mio potere per conservare loro la magia romantica del creato, perché potesse goderne e fare, un giorno, lo stesso con i suoi figli.

Un uomo, per quanto armato di tutto l'amore di cui dispone un padre, non può fare molto. Però può fare tesoro di tutto il bagaglio sapienziale tramandato nei secoli ed aprire il proprio cuore, oltre la propria mente, ed immaginare come poter, tutti insieme, migliorare un pizzichino nel modo che abbiamo di vivere e gestire il creato. Questo è quello che sto cercando di fare.

INDICE PROGRESSIVO

La potenza di strumenti come la matematica. Le incognite delle equazioni per individuare cosa non va.

14 Bilanciare le equazioni. Roma, Oggi

La Sovranità Monetaria senza libero accesso all'energia è uno strumento inutile. L'incognita che bilancia l'equazione dell'attuale condizione sociale è l'Indipendenza energetica, insieme alla Sovranità Monetaria.

15 Promesse d'amore. Roma, Dicembre 2005

Avevo promesso a mia Moglie ed a me stesso di impegnarmi nella cura della nostra casa comune. Questo scritto è l'inizio del mio impegno.

16 Comprendere o intuire? Roma, Agosto 2015

L'intuizione è una comprensione più profonda perché si avvale non solo della razionalità e della conoscenza testuale lineare; ecco perché cerco di fare intuire al lettore le mie idee, le mie sintesi, le mie proposte; piuttosto che raccontarle semplicemente.

17 Costo, valore e valore del valore. Roma, Oggi

18 Cumannari è megghiu ca futtiri. Roma, Oggi

19 Roma, 8 aprile 2005

20 Non si capisce perché. Roma, Oggi

21 M.C. Escher. Roma, Oggi

17 COSTO, VALORE E VALORE DEL VALORE
ROMA, OGGI

Nel portarvi per mano tra i secoli e le idee, manca solo di affrontare un ultimo aspetto, prima che possa parlarvi direttamente di queste mie intuizioni. Abbiamo parlato di cos'è e a cosa serve la Sovranità Monetaria ma si è riflettuto non a sufficienza sul legame che c'è tra il denaro ed valore.

Ricordate il bibliotecario di Bagdahd e l'invenzione della matematica? La matematica come potente e duttile strumento di rappresentazione di parti ed aspetti del mondo. Bene, immaginate allora che esista una rappresentazione della matematica. Una rappresentazione della rappresentazione. Allora questa rappresentazione starebbe alla realtà come il denaro al valore. Ogni oggetto o servizio, insomma, attività umana, ha un valore intrinseco o ha un valore a seconda di chi lo valuta?

Se un albero cade, dove non ci sono orecchie né umane né animali, fa rumore? Un passo indietro, ancora, il rumore esiste? Il rumore che sento non è altro che una serie distinta di vibrazioni che attraverso un mezzo (solitamente l'aria che abbiamo attorno) giunge fino alla membrana sensibile all'interno del nostro orecchio che si chiama timpano. Quindi se nessun timpano vibra, il rumore esiste? A seconda di come le vibrazioni sollecitano il timpano, io posso dire di aver sentito un suono acuto, cupo, alto, basso, fino a distinguere una canzone da un'altra, la voce di mia moglie da quella di chiunque altro, e via dicendo. Solo che quella specifica serie di vibrazioni che è, ad esempio, *Bohemian Rapsody* dei Queen a me risulta come deliziosa, corroborante, geniale. Mia madre invece pensa che sia solo rumore. Fastidioso. Riepilogando: il rumore (o il valore) esiste in sé? Oppure il rumore (il valore) esiste solo in virtù di chi lo sente?

Quando facciamo una passeggiata in centro e passiamo di fronte alla vetrina di Jimmy Choo, con tutte quelle scarpe esposte che ammiccano alle signore di ogni età, anche mia moglie e mia figlia vengono irrimediabilmente rapite da quel canto di sirene. Vicino a ciascun modello, quasi ad infrangere i sogni delle passanti meno abbienti, ci sono le targhette con il prezzo. Quel numero, rappresenta quanto valgono quelle scarpe? Per la verità rappresenta solo quanto costano...

Mi sa che ancora non è chiara, la differenza tra valore e denaro.

Pensate: con 10€ in ogni supermercato posso comprare almeno 30 litri di acqua, potendo scegliere tra diverse marche, tutte perfettamente pure a livello microbiologico e ciascuna con il suo sapore inconfondibile, marchio di fabbrica della fonte che ce la offre. Se sono disperso nel deserto del Sahara e la mia borraccia è piena solo di polvere, la mia sopravvivenza è davvero limitata nel tempo, perché legata all'acqua che non ho. Avere 10€ in tasca non mi cambia nulla. Posso anche averne 100: entro domani, se non potrò bere, morirò.

Quanto vale un bicchier d'acqua? Quanto costa un bicchier d'acqua? La quantità di denaro necessaria per comprare un litro d'acqua, ha lo stesso valore per noi umani che l'acqua stessa?

Pensate ancora: quanto potrebbe essere corroborante il primo sorso d'acqua dopo una giornata trascorsa nel deserto. E così il secondo, poi il terzo. Dopo una decina di sorsi, il piacere che provo nell'ingollare lo stesso sorso d'acqua, diminuisce, perché lo stomaco si sta riempiendo e riequilibro i miei livelli di liquidi nel sangue. Ad un certo punto, lo stesso sorso di due minuti prima, che mi pareva il mio legame con la vita, adesso non lo voglio più. Per me quel sorso d'acqua vale meno, molto meno di prima. Eppure costa sempre uguale. Se dovessi avere moltissimi altri "sorsi" d'acqua, deciderei di farmi un bagno e poi magari di lavare la jeep sporca di sabbia. Insomma, più acqua ho più arriverei a fare cose che sembrerebbero uno spreco. Eppure ogni sorso, ogni litro, ogni bottiglia d'acqua costa sempre uguale. Cioè cambia il suo valore in base a quanta ne posso avere. Invece con i diamanti le cose vanno diversamente. Un diamante non mi tiene in vita, per larga parte non serve a nulla. I diamanti grezzi e di bassa qualità hanno molteplici usi industriali, come abrasivo ad esempio, per via della loro incredibile durezza. Comunque un diamante non mi tiene in vita, mai, in nessun caso. Né me né nessun'altra creatura della terra. Invece l'acqua è necessaria a tutti gli animali e tutte le piante, senza *se* e senza *ma*. I diamanti costano tanto. Tantissimo. Qualche riccone addirittura li compra solo come investimento. Costano più dell'oro. Ma non valgono niente. Questo in economia, si chiama paradosso del valore. A partire dal caso dell'acqua e dei diamanti, le stesse riflessioni su costo e valore possono (e dovrebbero!) essere fatte su ogni prodotto ed attività che viene scambiata tra le persone. Fino al caso estremo del lavoro dell'Uomo: cioè la sua attività quotidiana di gestione e cura del creato che deve consentirgli di partecipare all'ecclesia, intesa come l'attività politica necessaria all'esercizio della libera esistenza.

Quanto costa un'ora di lavoro? Quanto vale un'ora di lavoro? Al corso di Sociologia del Lavoro di Domenico De Masi, che seguivo all'università, una volta si cominciò a riflettere sul fatto che se due donne diventano madri, nella maggior parte dei paesi del mondo, per occuparsi dei propri figli, e quindi del futuro del mondo, non percepiranno nessuno stipendio. Tuttavia se queste due donne si scambiano i figli e ciascuna bada al figlio dell'altra, allora questa attività si chiama *babysitting* ed ha un costo, va inquadrata con un contratto, vanno pagati i contributi e *blablabla*. Insomma, per quanto amorevole, una babysitter non sarà mai "brava" come una madre, eppure le cose vanno così. Ecco un caso di paradosso del valore applicato al lavoro dell'Uomo.

Noi quarantenni siamo la generazione *milleeuro*. E da un po' di tempo pure peggio. Avrete notato che chissà quale analista illuminato ha stabilito che la maggior parte dei lavori vanno retribuiti mensilmente con una scala meritocratica ed esperienziale che parte da mille euro. Spesso non va oltre. Ultimamente, anzi, capita di andare sotto.

Un mese di lavoro di un Uomo può valere in modi molto diversi. Dipende dal suo talento, dipende dai casi, dipende da chi valuta. L'unica cosa certa, è che non può *valere* meno di quanto *costa* condurre una vita dignitosa. Nessuna persona può essere pagata meno di quanto vale, cioè di quanto serve a vivere: affitto, cibo, vestiti, ricreazione, salute, famiglia. Ma quali mille euro...??!! è evidente che *costo* e *valore* non coincidono. Sono due cose diverse e, per favore, non scambiatele mai; ne va del vostro bene!

Ora, la convenzione del denaro è un'approssimazione accettabile non tanto perché rappresenta la media dei possibili valori attribuibili ad un bene o servizio (sarebbe impossibile prevederli tutti), ma perché è uno standard, veloce e quindi efficiente. A patto che la moneta sia di tutti, non di qualcuno che la produce per altri. Ma della follia di cedere volontariamente la Sovranità Monetaria, abbiamo già parlato.

Come vengono stabiliti i prezzi? Perché un chilo di pane costa 3,50€? Perché un watt di energia elettrica costa quello che costa? Perché un diamante che non serve a niente costa tanto? Nella logica del ragionamento che sto condividendo, non è determinante come tecnicamente si forma l'entità numerica dei prezzi, comunque tanto per averne un'idea, rispolveriamo alcuni concetti di base. Se io desidero comprare qualcosa, la teoria economica dice che rappresento la "domanda". Se invece mio padre mi ha lasciato in eredità, dico per dire, una cartoleria ed io ci lavoro dentro perché tanto della mia laurea in archeologia non so che farmene (dico sempre per dire...), rappresento l'"offerta". Ciascuno di coloro che vogliono comprare qualcosa ha un'idea di quanto vuole spendere (solitamente il meno possibile). Ciascuno di coloro che desiderano vendere qualcosa sanno bene quanto vogliono guadagnare (il più possibile, ovviamente). Se rappresento graficamente, sul piano cartesiano, l'insieme delle quantità di denaro che desiderano e/o possono spendere i compratori della "domanda" avrò una curva che dall'alto scenderà gradualmente verso destra. Viceversa se disegno la curva dell'offerta essa partirà dal basso salendo verso destra. Ad un certo punto le due curve si incrociano. Quel punto di incrocio rappresenta il momento in cui, parlando di un prodotto specifico, chi compra e chi vende hanno la stessa idea su quantità e prezzo. Cioè si mettono d'accordo e la vendita va a buon fine. Ecco perché, in teoria, la merce nei negozi costa determinati prezzi. In teoria.

Ma la realtà ha molta più fantasia di un manuale di Economia Politica. Infatti l'economia è una scienza sociale e non la troverai come facoltà presso il dipartimento di Matematica nelle università. Quindi imparate la versione "matematica" dell'economia e poi scordatevela, tanto serve a ben poco. Non fosse così, un ragazzino qualsiasi, col suo pc, in grado di programmare un software di analisi numerica, potrebbe diventare miliardario in 3 giorni, giocando in borsa. Ma i numeri centrano poco o nulla con l'economia. I numeri servono per rappresentare i prezzi. L'economia si occupa della produzione di valore. I prezzi desiderano rappresentare il valore, ma non ci riusciranno mai. E siccome sono invidiosi e frustrati per questa loro inettitudine, diventano cattivi e vogliono comandare. Per farlo, (ricordate il vitello d'oro di Aronne?) sfruttano le nostre debolezze.

Si potrebbe tranquillamente dire che i prezzi rappresentano e misurano le debolezze umane, mentre il valore di merci e servizi, rappresenta le qualità degli uomini che sanno trasferire al creato. Un sociologo nel 1900 scrisse un libro intitolato *La filosofia del denaro*. Questo signore si chiamava Georg Simmel. Attraverso quel libro, Georg voleva far sapere a tutti cosa pensava circa la funzione sociale del denaro e quanta influenza ha la stessa sulla formulazione dei prezzi. Ad un certo punto, nel libro, si legge *[...] Il prezzo espresso in denaro non ha bisogno di rappresentare un valore reale ma rappresenta una proporzione tra la quantità di denari disponibile e la quantità che può essere chiesta in cambio di un determinato bene [...]*. Allora mi chiedo se Simmel intendeva "la quantità di denari disponibile" da parte del compratore o in generale? Se fosse la prima ipotesi, i prezzi cambierebbero ogni volta, a seconda di chi entra nel negozio. Sappiamo che non è così per cui intendeva certamente la somma della moneta circolante in un determinato sistema/paese. In precedenza, abbiamo accennato al fatto che chi vanta la Sovranità Monetaria in un dato territorio, decide anche quanta moneta circola. Normalmente dovrebbe essere uno Stato Sovrano, ma ad esempio, in Europa, la Banca Centrale Europea è posseduta da 15 Banche Centrali Nazionali, con quote diverse. Tra queste, c'è la Banca Centrale Italiana che però, al 2014, è posseduta per il 94,33% da banche private ed assicurazioni. Il fatto che una banca centrale nazionale sia posseduta da privati è un fatto strano, ma succede anche negli altri 14 paesi le cui BCN detengono quote della BCE. Va da sé che la BCE è un ente privato. Bisogna interrogarsi su come mai il vecchio continente, culla della democrazia, esempio di libertà e civiltà per tutti i popoli, abbia da tanti anni "sospeso" la condizione cardine della democrazia della Sovranità Monetaria. Indipendentemente dalla risposta che ci si riesce a dare, o dal fatto che si possa digerirla (cosa assai più difficile), tornerei nel nostro ragionamento a quali siano le variabili che nei secoli hanno influenzato la scelta di uno stato sovrano circa la quantità di moneta da far circolare e, soprattutto al concetto di "inflazione". In precedenza si è parlato di questo. Sempre citando la filosofia del denaro di Simmel, si legge *[...] La disponibilità fisica del denaro diventa sempre meno necessaria per l'aumento della produzione e della ricchezza [...]*.

A questo punto, anche un bambino distratto avrebbe capito che c'è qualcosa che non funziona: abbiamo detto di come il valore dell'acqua (come di ogni altra cosa, a partire dall'acqua fonte di vita) dipende da chi la valuta e, parafrasando il paradosso del valore, dipende da quanta sete ha. Il suo prezzo, no. Quello non cambia. Quindi se proprio qualcosa può inflazionarsi, essa è un qualcosa che esiste, che serve in sé, come l'acqua. La moneta, essendo solo un sistema di conteggio dei prezzi, quella non può inflazionarsi. Infatti se guadagni un milione di euro, il milionesimo ha lo stesso valore contabile del primo, a differenza del decimo sorso d'acqua... (sempre il paradosso del valore, ricordate?).

Ma allora, perché qualche ente privato, cui a capo ci sarà una persona come te e me, ha il diritto, non solo di emettere moneta, quando invece dovremmo farlo tutti insieme (l'ecclesia), ma decide pure (al posto mio e vostro) quanta ne fa circolare, creando degli squilibri incredibilmente dolorosi (per quasi tutti, tranne che per lui, guarda caso), dal momento che ne circola sempre troppo poca rispetto a quanta ne serve, millantando questa storia dell'inflazione? Balle! Se usi la testa lo capisci anche senza alzarti sulle spalle dei giganti.

Questo signore qualunque, che, a capo di un ente che possiede BANKITALIA, che a sua volta possiede la BCE, calcola molto attentamente la somma di Euro che circola in modo da creare penuria di denari, penuria di strumenti per vivere ed amministrare il creato e la democrazia. Lo fa perché sa che se non ci sono i soldi, bisognerà chiederli in prestito a qualche banca. Pagando un tasso di interesse che rappresenta il guadagno della banca. Il fatto grave è che il signore che determina volontariamente le condizioni per cui c'è povertà di moneta è lo stesso che guadagna una montagna di soldi, cedendoli in prestito ai poveri cittadini, per vivere.

Un giorno a scuola tutti quanti abbiamo scoperto che il pianeta che abitiamo si chiama Terra, ma dovrebbe chiamarsi Acqua, dal momento che c'è n'è molta di più. Questo pianeta è pieno d'acqua. Principalmente liquida negli oceani, nei laghi e nei fiumi. Ma c'è tantissima acqua solida sulle montagne ed ai Poli: il ghiaccio e la neve. Poi c'è anche tantissima acqua gassosa sotto forma di vapore ed umidità nell'atmosfera. L'acqua è il bene primario, insieme al sole, per la nostra esistenza. Per questo Dio ha deciso di darcene in abbondanza; ne avremmo più di quanta serve, se non la sprecassimo o inquinassimo. Pensate: è come se un tale, da domani, decidesse che *solo lui* può far fluire l'acqua nelle tubature. E che decidesse di razionarla. Una quantità studiata in modo che sia insufficiente a tutto ciò che serve; bere; l'igiene personale, l'agricoltura, l'industria e tutto il resto. Questo signore è così bravo che ci convince che deve per forza razionarla, altrimenti se ne mettesse troppa nei tubi, poi magari ci va per traverso e ci soffochiamo, insomma ci convince che ci dà poca della *nostra* acqua per il *nostro* bene. E poi troppa acqua fa venire la ruggine. A quel punto apre un negozietto che vende acqua e ci vende ciò che ci appartiene. Noi, dal canto nostro, abbiamo la colpa di credere a questa menzogna, un po' perché abbiamo trasformato la democrazia da "partecipativa" a "rappresentativa", cioè preferiamo delegare per pigrizia, l'amministrazione dei nostri Stati, ed un po', sempre per pigrizia, perché capire come stanno le cose, significa studiare, approfondire, sforzarsi, assumersi le responsabilità. E questo non abbiamo molta voglia di farlo, però ne stiamo pagando le conseguenze.

Qualche anno fa, sulla rivista *Synthesis*, ho scritto un articolo che si intitola *Debiti, Consumi e Società* e in questo momento mi torna comodo riproporlo

Quanto vale il denaro? Attenzione: il punto non è "quanto costa?" bensì "quanto vale?" Il valore del denaro è in rapporto a ciò che ti permette di acquistare non in quanto bene specifico con uno specifico valore determinato dai costi di produzione, ma, a ben pensarci, in quanto quel valore che viene attribuito ad un bene o ad un servizio è un valore che viene conferito dal suo compratore. Si può affermare di più: ogni compratore o potenziale acquirente matura il suo personalissimo "senso del valore", attraverso il quale seleziona ciò che ai suoi occhi è desiderabile, mutuandolo, interiorizzandolo ed infine rielaborandolo sulla base del contesto sociale che vive e, quindi, della cultura di cui è figlio. Ed è da questo presupposto che nasce il paradosso del valore: è il caso in cui beni e servizi necessari al vivere hanno un valore di scambio sul mercato ben più basso rispetto a quello di altri beni e servizi assolutamente superflui. L'esempio più lampante è quello dell'acqua e dei diamanti: senza la prima non c'è vita eppure, almeno nel nostro contesto socio-culturale, ha un costo irrisorio rispetto ad un diamante, da considerarsi come il più voluttuario tra i beni. Ogni riflessione che si fa circa le tematiche del "consumo" non dovrebbe perdere di vista questo aspetto perché, è a partire da questo che si determina il fenomeno attuale del credito al consumo. Quando nel 1789 nel testo "Indagine sulla natura e le cause della ricchezza delle nazioni" Adam Smith scriveva <Non è dalla benevolenza del macellaio, del birraio o del fornaio che ci aspettiamo il nostro desinare, ma dalla considerazione del loro interesse personale>, *poneva al centro del rapporto sociale il personale tornaconto economico, lasciando intendere però che il mero interesse, se non mediato dalla "benevolenza" (si legga: la capacità di creare e mantenere relazioni sociali soddisfacenti per entrambe le parti) sarebbe insufficiente. Nel nostro attuale modo di concepire l'economia, il polo magnetico che orienta l'ago della bussola verso cosa produrre e come farlo è il "Consumo". A parte i generi di prima necessità, sia per i prodotti che per i servizi, ciò che orienta l'Offerta è la dinamica della Domanda, nel senso che la prima, per sua vocazione esistenziale, sceglie il segmento di Mercato dove il valore (non il prezzo!) di beni e servizi è maggiore, in modo da avere una differenza tra costi e ricavi significativa, ma soprattutto cerca di mettere in atto tutto ciò che è in suo potere (strategia di marketing) per sfruttare il paradosso del valore, monetizzandolo in modo tale da soddisfare contemporaneamente sia il suo portafoglio e sia l'ego della Domanda.*

In altri termini, il paradosso del valore è quel meccanismo che rende possibile, ad esempio, la moda, intesa come fenomeno sociale che arreca un determinato (alto) valore ad alcuni capi di abbigliamento, non in quanto tali, ma in quanto portatori di cultura carica di simboli, in grado cioè di conferire a chi li indossa non già e non solo il comfort necessario, bensì uno status sociale.

Nell'opera Comunità e Società (1887) Ferdinand Tonnies individua due forme diverse di organizzazione sociale: la forma comunitaria si basa sul sentimento di appartenenza e sulla partecipazione spontanea, mentre la forma societaria affida alla razionalità e alla logica dello scambio il fulcro delle relazioni sociali. In effetti la distinzione è molto efficace nel confrontare la società preindustriale con quella industriale, tuttavia ad oggi ci troviamo nella condizione di una specie di ibrido dove il sentimento di partecipazione sembrerebbe nascere dall'attitudine degli individui ad certo modo di consumare.

Una dinamica molto simile a quella descritta da Thorstein Veblen (La teoria della classe agiata, 1899), secondo cui i beni non vengono solo accumulati, bensì ostentati in società soprattutto se costosi; in questo caso il paradosso del valore si manifesta attribuendo valore estetico ad un oggetto unicamente in relazione al suo costo economico; con la differenza, rispetto ad oggi, che ciò che è "voluttuoso" non è più anche costoso né tanto meno elitario.

Ecco perché nasce quella dinamica tipica di questo millennio, il credito al consumo, che porta il consumatore a desiderare di possedere non più solo ciò che è esclusivo come i diamanti, ma tutto ciò che possa nutrire quel senso di appartenenza di cui l'individuo ha bisogno. Abraham Maslow nel 1954 concepiva i bisogni umani raffigurandoli attraverso una piramide alla cui base ci sono i bisogni fisiologici, quindi, salendo verso il vertice, i bisogni di sicurezza, di appartenenza, successo e infine realizzazione del sé.

Il fenomeno sociale del credito al consumo, cioè quella dinamica che porta l'individuo all'acquisto di beni dal costo modesto, o comunque relativo, attraverso la contrazione di un debito, va imputata proprio all'evoluzione che il concetto del paradosso del valore ha inscenato adattandosi alle attuali dinamiche che regolano i rapporti dell'individuo in società. Fino agli anni novanta il debito veniva contratto per beni molto costosi come la casa o, seppure talvolta voluttuosi, come l'automobile. Oggi non è raro trovare beni cui l'acquisto sia più conveniente contraendo un debito piuttosto che utilizzando il denaro liquido: è il caso per esempio, in cui al bene che desideri, se lo acquisti attraverso un finanziamento, viene aggiunto un regalo, uno sconto su un altro bene o la possibilità di concorrere all'estrazione di un premio.

Facendo leva su quelli che Maslow definiva bisogno di appartenenza e successo, oggi non esistono beni esclusivi perché si fa credito a tutti, compresi quelli che non ne hanno bisogno, compresi quelli che non danno garanzie né affidabilità ma questa è una distorsione perché significa che, letteralmente, ciascuno gode della fiducia necessaria affinché la Società anticipi il denaro facendosi garante per il singolo.

Dando incondizionatamente fiducia a chiunque, ecco che si crea il terreno fertile in cui prolificano le truffe ai danni dei consumatori, ma soprattutto le condizioni in cui la Società, incondizionatamente garante di questa fiducia (o credito) non abbia più le basi su cui poggiare per far fronte al debito con sé stessa: e questo è il caso della Grande Crisi di questo sistema economico-sociale.

Proteggere i diritti dei consumatori e rimuovere le cause di questa crisi, potrebbe, nei prossimi anni, sempre più significare diffondere una cultura in grado di soddisfare i bisogni di appartenenza e di successo, tipici dell'Uomo, senza doversi necessariamente indebitare; solo creando una cultura con questi presupposti si potrà ambire ad una piena e reale realizzazione del sé.

Come detto in precedenza, 5 anni fa alcune cose ancora mi sfuggivano e non mi erano chiare del tutto. Non avevo ancora capito che l'origine della crisi è un uso diseducato del denaro, ma questo viene molto amplificato dalla perdita di Sovranità Monetaria, unitamente alla dipendenza energetica. Questo articolo aveva solo lo scopo di parlare del fenomeno del credito al consumo come (mal)costume postmoderno, andando alla ricerca delle possibili cause della crisi. Il crogiolo ribollente della società, infatti, contribuisce con la cultura e la psicologia delle persone che a loro volta sono spesso vittime delle loro pulsioni. Anche io non ero ancora riuscito a mettere perfettamente a fuoco la differenza tra prezzi e valori e quanto questo fraintendimento diffuso sia il motivo per cui la truffa dell'inflazione e della perdita di Sovranità Monetaria non viene smascherata.

Lo ripeto: i prezzi misurano le iniquità degli uomini, il valore invece è relativo all'ingegno ed il lavoro dell'uomo che conferiscono utilità alle materie prime del creato, trasformandole in beni di cui fruire.

INDICE PROGRESSIVO

La potenza di strumenti come la matematica. Le incognite delle equazioni per individuare cosa non va.

14   Bilanciare le equazioni. Roma, Oggi

La Sovranità Monetaria senza libero accesso all'energia è uno strumento inutile. L'incognita che bilancia l'equazione dell'attuale condizione sociale è l'Indipendenza energetica, insieme alla Sovranità Monetaria.

15   Promesse d'amore. Roma, Dicembre 2005

Avevo promesso a mia Moglie ed a me stesso di impegnarmi nella cura della nostra casa comune. Questo scritto è l'inizio del mio impegno.

16   Comprendere o intuire? Roma, Agosto 2015

L'intuizione è una comprensione più profonda perché si avvale non solo della razionalità e della conoscenza testuale lineare; ecco perché cerco di fare intuire al lettore le mie idee, le mie sintesi, le mie proposte; piuttosto che raccontarle semplicemente.

17   Costo, valore e valore del valore. Roma, Oggi

Il costo è solo una convenzione, il valore rappresenta l'Uomo in relazione al creato. Limitare l'accesso al denaro sposta l'accento dal valore al costo, creando una grave distorsione.

18   Cumannari è megghiu ca futtiri. Roma, Oggi

19   Roma, 8 aprile 2005

20   Non si capisce perché. Roma, Oggi

21   M.C. Escher. Roma, Oggi

18 CUMANNARI È MEGGHIU CA FUTTIRI
ROMA, OGGI

A volte mi sembra di vivere nella favola di Hans Christian Andersen che si intitola *I vestiti nuovi dell'imperatore*. Quella in cui l'Imperatore di un fantomatico paese è incredibilmente vanitoso ed egocentrico. Insomma, il classico uomo di potere con il culto della sua persona. Questa sua debolezza è il pertugio attraverso cui fa breccia la truffa ingegnata da alcuni manigoldi. Si fingono venditori di stoffe pregiate e chiedono di poter essere ricevuti dall'Imperatore affinché lui possa vedere la stoffa più bella e preziosa mai intessuta. È talmente delicata e raffinata che i bifolchi, i popolani ed, in generale, gli stupidi, non possono vederla, dicono all'Imperatore. Lo stupido e narciso regnante cade nel tranello e si fa rifare il guardaroba in cambio di moltissimi soldi. Quando poi l'Imperatore, durante una celebrazione ufficiale, decide di indossare questi vestiti inesistenti, il popolo non ha il coraggio di "vedere" che il re è in mutande. O perché per senso di inferiorità non pensa di essere all'altezza di "vedere" le stoffe pregiate, o perché per iniquità non ha il coraggio di inimicarsi il monarca. La fiaba, lo sapete tutti, termina con un bambino, libero da convenzioni e sovrastrutture "malate" che con il candore che contraddistingue quell'età, urla che il re è nudo!

Il fenomeno dilagante del credito al consumo, in un periodo in cui di moneta ne circola sempre meno ed essa costa sempre di più, denuncia in maniera evidente e, ahi noi, senz'appello, che è proprio così: il prezzo misura quanto siamo fragili e voluttuosi; il valore, invece, quanto, al tempo stesso, possiamo essere creature meravigliose che sanno fare in modo che il creato dia frutto.

Quando consumiamo spendendo più di quanto possediamo, solo per apparire ciò che non siamo, ed esaurendo troppo velocemente le risorse del pianeta, siamo come l'imperatore stolto che pur di sembrare magnifico, si lascia truffare. Quando pensiamo solo al personale tornaconto e priviamo gli altri del loro inalienabile diritto di coniare monete, facendo leva sulla vanità degli uomini, siamo i truffatori che si fingono venditori di stoffe. Quando infine, snaturiamo il concetto di democrazia, permettendo che siano altri ad amministrarci, con la scusa che non siamo capaci, che non abbiamo tempo, ma solo perché siamo pigri e preferiamo goderci i "vestiti", oppure quando ci giriamo dall'altra parte perché mettersi contro i potenti è pericoloso, siamo come il popolo, pavido che applaudisce ai vestiti nuovi pur non vedendoli.

[...] In verità io vi dico: Se non ritornerete come bambini, non entrerete nel regno dei cieli. [...] Matteo 18, 3.

In definitiva, è la cosa più saggia: bisogna fare come il bambino della fiaba e vedere le cose per ciò che realmente sono.

L'Unione Europea ed in generale l'Occidente, soffrono per

1. l'incapacità di custodire la terra, impedendo nel tempo sempre migliori "raccolti" e relativa equa distribuzione di essi (in sostanza, sottraendoci alla ricerca del *magis*, stiamo venendo meno alla nostra essenza di Uomini),

2. il desiderio da parte di chi senza meriti particolari si ritrova a disporre del potere su fonti energetiche e politiche monetarie, di voler mantenere questa esclusività, rendendo l'accesso al denaro centellinato, per lucrare maggiormente sull'acquisto della necessaria energia, e poi di ciò che si produce con essa.

Il resto del mondo, in quanto famiglia umana, soffre le conseguenze di questo declino culturale.

In effetti la cultura che sta invecchiando senza sapersi reinventare, diventa inadatta ad interpretare nuove forme di convivenza e di esistenza degli Uomini. Io credo che a generare questi due nostri atteggiamenti scorretti (non desiderare di migliorarsi e cercare di mantenere sempre posizioni predominanti sugli altri) sia l'antropocentrismo dell'Uomo, cioè l'istintiva tendenza a metterci al centro del mondo, o meglio eleggere noi stessi come misura di tutte le cose. È in base ai nostri gusti, aspettative, desideri, paure che guardiamo al mondo, senza permettere che l'altro entri nel computo; né i nostri fratelli né la Natura. Nessuno. Questo modo di pensare fa sì che la maggior parte delle volte, siamo convinti che ciò che ci capita sia imputabile a noi. Nel male ma soprattutto nel bene. Quante persone esistono convinte che il loro successo economico e professionale sia merito del fatto che loro sono proprio brave? Tante, troppe. Non si accorgono che hanno avuto fortuna. Ad esempio, che qualcuno pagasse i loro conti mentre studiavano. Hanno avuto il lusso di vivere in un mondo in forte espansione, dove lavoravano quasi tutti. Hanno avuto la fortuna di non avere malattie. Hanno avuto la fortuna di saper fare qualcosa che è molto richiesto in un particolare settore.

Un calciatore fatica più di me? Ha maggiori meriti di me? Decisamente no, eppure guadagna infinite volte più di me. Questo perché lui ha avuto la fortuna di saper fare qualcosa che a tante persone piace veder fare e sono disposte a pagare per vedere. Non sono tra quelli che ritiene immorale l'introito faraonico di un bravo calciatore: anzi. La macchina dello spettacolo dello sport dà lavoro a tante persone e da piacere a molte (compreso me) in cambio di pochi soldi. Quello che trovo perverso è che si pensi, a partire dal calciatore stesso, che lui sia migliore di altri. Molte persone non sono nate con lo stesso talento. Lavorano duramente molto di più di un calciatore ogni giorno. Eppure guadagnano poco e niente. Bisogna che l'uomo cominci a saper distinguere bene la differenza tra prezzi (quindi denaro) e valore. E una volta riconosciuta questa differenza, bisogna che l'Uomo inventi sistemi compensativi tra le due entità. Perché altrimenti finisce che si ritiene di meritare ciò che si ha o non ha, e la dignità umana cessa di esistere. Da questo meccanismo di mancato riconoscimento delle circostanze attorno a noi, che portano al nostro successo monetario o no, discendono i due mali di cui soffriamo, in Occidente. Insomma, bisogna essere il bambino della fiaba e affermare con candore e coraggio che se hai tanto successo economico, non è affatto detto che questo sia merito tuo, perché le circostanze attorno a te condizionano gli eventi della vita, ma soprattutto che se si hanno molti soldi, si è migliori di altri. L'uomo parte da questa convinzione sbagliata, questo fraintendimento del ruolo nell'esistenza: noi non siamo Dio, noi siamo a sua immagine e somiglianza. Questo non significa che è merito nostro ciò che ci accade, ma che abbiamo il compito di fare ciò che è in nostro potere, quando accadono le cose, ciascuno secondo le proprie inclinazioni. Noi sappiamo bene che pensare di essere onnipotenti è una bugia, ma non possiamo/vogliamo resistere alla seduzione delle nostre pulsioni; allora per fare in modo che questo fraintendimento appaia invece un'interpretazione corretta, siamo costretti a limitare l'accesso ad energia e denaro agli altri per avere potere su di loro. Così ci sentiamo gli dei che non siamo.

Cumannari è megghiu ca futtiri, dicono in Sicilia.

INDICE PROGRESSIVO

La potenza di strumenti come la matematica. Le incognite delle equazioni per individuare cosa non va.

14 Bilanciare le equazioni. Roma, Oggi

La Sovranità Monetaria senza libero accesso all'energia è uno strumento inutile. L'incognita che bilancia l'equazione dell'attuale condizione sociale è l'Indipendenza energetica, insieme alla Sovranità Monetaria.

15 Promesse d'amore. Roma, Dicembre 2005

Avevo promesso a mia Moglie ed a me stesso di impegnarmi nella cura della nostra casa comune. Questo scritto è l'inizio del mio impegno.

16 Comprendere o intuire? Roma, Agosto 2015

L'intuizione è una comprensione più profonda perché si avvale non solo della razionalità e della conoscenza testuale lineare; ecco perché cerco di fare intuire al lettore le mie idee, le mie sintesi, le mie proposte; piuttosto che raccontarle semplicemente.

17 Costo, valore e valore del valore. Roma, Oggi

Il costo è solo una convenzione, il valore rappresenta l'Uomo in relazione al creato. Limitare l'accesso al denaro sposta l'accento dal valore al costo, creando una grave distorsione.

18 Cumannari è megghiu ca futtiri. Roma, Oggi

Limitare l'accesso al denaro con politiche anti inflazione è in realtà un modo per avere potere esclusivo; la cessione della Sovranità Monetaria è l'evoluzione di questo intento malevolo.

19 Roma, 8 aprile 2005

20 Non si capisce perché. Roma, Oggi

21 M.C. Escher. Roma, Oggi

19 ROMA
8 APRILE 2005

Il 2 aprile il papa è morto. Dopo 26 anni e mezzo di pontificato, e diversi di malattia, Giovanni Paolo II ci ha lasciati. Roma si è sentita smarrita. Dopo tutti questi anni e dopo aver saputo interpretare l'incarico del soglio petrino con tale potenza spirituale ed emotiva, gran parte delle persone su questo pianeta, anche quelle non cristiane, provavano ammirazione ed affetto per lui. Qualche giorno più tardi, piazza San Pietro avrebbe ospitato il solenne funerale. Il primo della storia ad essere anche un evento mediatico. È davvero interessante notare che, qualche anno più tardi, quando Karol Wojtyla, è stato eletto santo da papa Francesco, l'evento è stato trasmesso in tutto il pianeta con una qualità video mai raggiunta prima. L'evento fu trasmesso in 4K, e cioè molte volte migliore del tanto blasonato segnale tv HD. Non un concerto rock, non la finale di un torneo sportivo. Ma un papa che viene fatto Santo. Ecco cosa attira l'audience talmente da indurre i colossi della tecnologia a superare loro stessi. Torniamo al funerale. Chissà per quale stupido motivo, quella mattina invece di andarci di persona, dal momento che abito talmente vicino a San Pietro da andarci a piedi, decido di partecipare assistendo all'evento in TV. Dal vivo avrei potuto respirare direttamente quell'atmosfera intensa e gravida di emozioni profonde. In TV, tuttavia, ho potuto apprezzare immagini e cogliere particolari, che altrimenti non sarebbe stato possibile. Dopo essermi emozionato seduto sul divano, accesi il pc e scrissi quanto segue. Di getto, ancora con gli occhi umidi, sull'onda dell'emozione. Avevo bisogno di far fluire quell'emozione, di non tenerla dentro, di condividerla e dargli senso, profondità.

Roma, 8 aprile nell'anno del Signore 2005

Le stelle sono buchi nel cielo da cui filtra la luce dell'infinito: questo si credeva ancora quando Loro Sette fondarono uno dopo l'altro la più grande potenza di tutti i tempi, Roma. I Sette Re di Roma: Romolo, Numa Pompilio, Tullo Ostilio, Anco Marzio, Tarquinio Prisco, Servio Tullio, Tarquinio il Superbo. Pare che questi colli, dolci nei pendii, orgogliosi nell'aspetto e gravidi di storia, abbiano prima di tutto un potere: la linea irregolare che unisce le cime di queste piccole alture disegna una figura cara all'uomo e al suo spirito. Questa figura si pone come baricentro di una lingua di terra ambita da sempre per la bellezza poliedrica che, da nord a sud, la permea di sé. Genti diverse, culture antiche, lingue che affondano radici nell'umana vicenda. In questo baricentro si catalizza un'energia che viene da lontano, esprimendosi attraverso un idioma che è l'evoluzione di un modo di parlare che fu caro a uomini come Aristotele, Alessandro il Macedone, Virgilio, e ancora Dante Alighieri, Vittorio Alfieri, Alessandro Manzoni, ma pure Renèe Descartes, Francis Bacon, John Locke, da una parte, e dall'altra Francesco d'Assisi, Sant'Agostino, Angelo Roncalli. Questa figura geometrica irregolare che s'insedia tra sette asperità del terreno nel cuore della penisola italica è lo scrigno cui gli uomini, da più di 2000 anni, affidano i loro sogni. Non credo sia un caso, ma a ben vedere, neppure so cosa sia...

"Tu sei Pietro e su questa pietra edificherai la mia chiesa"

Una Chiesa fatta di uomini e fondata su un'irriducibile dualismo, che permette a questo volano di non fermare il suo moto di vita.

Pietro e Paolo. Uno Apostolo dei Giudei; l'altro Apostolo dei gentili o pagani. Originariamente il primo fu un semplice pescatore della Galilea; il secondo, un dotto fariseo di Tarso.

Entrambi di matrice giudea. Entrambi focosi, appassionati e di forte personalità, ma una volta toccati dall'amore di Cristo, hanno perfino dato la loro vita, imitando così il loro Maestro, divenendo martiri della fede.

L'umiltà e la semplicità di un pescatore, la forza e l'intelletto di un dotto. Dualismo che il fermento medievale già incoronava come "I 2 Soli": la Chiesa degli uomini e la Chiesa di Dio.

Velocemente, dall'alto, 2000 anni di passione incorniciati in questo baricentro, come le immagini riprese dagli elicotteri di una Roma gremita dagli uomini e dalle donne: come da sempre. E il vento, che in questo giorno scuote l'Urbe e fa vibrare di vita quel Vangelo che sigilla il feretro di un Uomo che venne a Roma da lontano, per non andarsene mai più. Il vento che oggi pettina i pini di Roma e scuote irriverente gli abiti colorati dei Padri Spirituali qui per il Solenne Omaggio, assomiglia ad un monito, o forse più ad un vaticinio: da qui parte l'energia vitale del cambiamento, del passaggio.

Credo che tutte queste persone siano come i denti di una gigantesca cerniera che ricuce quell'antico dualismo e lo fonde solennemente perché mai più appaia come 2 energie separate.

Tutte queste persone sono qui per salutare un Uomo che li ha condotti per mano per tanti anni aspettando timorosi, ma fiduciosi il Sole che avrebbe "illuminato" il II millennio; ma anche perché da qui ripartiranno alla volta di un futuro incerto, ma che forse li vedrà uniti.

Tutti questi uomini, uomini normali, come tanti, sono venuti commossi a suggellare con la loro umiltà l'operato di Papa Giovanni Paolo II, come tanti anni fa fece Pietro con Gesù; tutti questi uomini andranno via da Roma con la consapevolezza della Conoscenza, come Paolo fece andando per il mondo.

Tutti questi uomini sono un crogiolo virtuoso fatto di quest'antico dualismo ed è Roma a catalizzare tutta questa energia di Vita.

Ci fu il Consiglio di Nicea nel 325, ci fu la pace di Westfalia nel 1648, ci fu il congresso di Vienna nel 1815, ci furono ben 2 Concili Vaticani, ci fu l'Assemblea delle Nazioni Unite che adottò la Dichiarazione Universale dei Diritti dell'Uomo il 10 dicembre del 1948, e qualcuno parla già da anni di Villaggio Globale, ci furono tanti esempi di riunioni di uomini che tutto sommato tentavano di ricomporre l'eredità dualistica lasciataci da Cristo, che da sempre male interpretiamo: quello che gli orientali chiamano yin e yang e cioè quella eterna baruffa di elementi opposti che non sono altro che poli di un sistema complesso tendente ad un equilibrio che è dinamico, perché deriva dal continuo assestamento di forze in opposizione, da cui scaturisce la forza dell'Uomo.

Ma mai ci fu un momento di concentrazione dell'umana variabilità di tale entità, come quello che ha avuto luogo oggi nella piazza eterna di San Pietro in Roma. Etnie, politiche, economie, culture diverse e spesso inconciliabili si sono ritrovate oggi non per protocollo o presenzialismo, ma perché infondo ci siamo accorti che l'atletico Papa aveva ragione: siamo tutti uomini, solo uomini di fronte alle gioie e ai dolori e alle difficoltà di questo nostro passaggio terreno.

Oggi a Roma l'Uomo ha riconciliato l'umiltà e la conoscenza, la debolezza e la forza, la gioia e il dolore.

Oggi a Roma tutti questi uomini hanno scritto la pagina del librone della Storia che mi sembra la più vera, la più nobile, la più infinitamente umana.

L'hanno scritta presenziando quindi condividendo un'unica emozione così Umana e Santa come mai era successo: dimostrando che il progetto di quell'uomo che lavorava il legno, partito da 2 discepoli così diversi tra loro, ma uniti, e che si è dipanato fino ad oggi attraverso momenti difficili, funesti, ma anche gioiosi e sereni, si può finalmente concretizzare.

Oggi a Roma forse abbiamo capito che siamo solo uomini, tutti, e che nessuno può scrollarsi di dosso la caducità e la fallibilità, ma anche che tutti siamo chiamati alla saggezza e al coraggio, e che questo dualismo è proprio la nostra forza, lasciataci in eredità come Massimo dono d'Amore da chi per Amore ha dato la Vita.

"Tu sei Pietro e su questa pietra edificherai la mia chiesa"

Forza Uomo, è tempo di affrontare quest'ultima sfida che non c'entra nulla con la scienza, con l'economia o con la politica: questa sfida è dentro di te, riunisci in un solo Valore Immortale il tuo dissidio interno; Uomo, fa stringere la mano in un sodalizio di Vita il "Pietro" e il "Paolo" che compongono il tuo cuore.

Uomo, io credo in te, e da Roma, ne sono convinto tu ripartirai con quest'intento nel cuore, spinto dal vento che oggi soffia sui Sette Colli…

Grazie Karol Woityla!

Dopo oltre 10 anni, comporre la nostra frattura interna, appare terribilmente impellente. Non possiamo più procrastinare.

Al tempo dei Romani o dei Greci, e prima ancora degli Egizi, le persone erano educate nella convinzione che il progresso tecnologico fosse già al massimo che si potesse raggiungere. Infatti in quei secoli nessuna invenzione rivoluzionaria viene riportata dalle cronache. Questo probabilmente è stato indotto dall'esistenza della schiavitù. Vale a dire l'energia per fare le cose. L'antico Romano medio non aveva il problema di come fare le cose o farle meglio o più veloce: ci pensavano i suoi schiavi e lui neanche intuiva lo sforzo necessario. Ma la quantità di schiavi era tale che nessuno a Roma li considerò mai risorse scarse o *a termine*. Ed in effetti (è terribile dirlo, ma allora era così) potendo riprodursi, gli schiavi erano una fonte rinnovabile di energia. Inoltre il cibo di cui avevano bisogno, lo procuravano loro stessi con una piccola parte del loro lavoro. Perfettamente autonomi e rinnovabili. Inoltre numerosissimi. Che bisogno ho di scervellarmi per inventare un sistema idraulico per sollevare grossi pesi: se dieci schiavi non bastano, ne metterò 20 a fare quel lavoro. Per questa ragione, gli antichi si impegnarono al 100% nello sviluppo del pensiero. A Roma duemila anni fa venne concepita l'idea di *otium*, cioè l'attività intellettuale. La parola che discende dal latino in italiano è *ozio*, ed ha un'accezione spesso negativa a differenza delle sue origini. A Roma chi era immobile intento ad immaginare un nuovo concetto filosofico, ad esempio, era intento nell'ozio creativo. Attività nobilissima! Non fare niente oggi non corrisponde a questo, ma o al riposo, o alla malattia oppure ad un atteggiamento scorretto nei confronti del lavoro. La filosofia greca ed il diritto romano sono esempi di questo dedicarsi allo sviluppo del pensiero, di cui ancora oggi godiamo l'influenza positiva. Affinché il vecchio continente possa vedere affermarsi invenzioni tecniche in grado di cambiare le esistenze degli uomini, dobbiamo attendere molti secoli. Nonostante si sia portati, fin dai tempi della scuola, a considerare il Medioevo un periodo di ascetismo negatore della dignità dell'Uomo (sia per l'ignoranza diffusa, genitrice di credenze e superstizioni ridicole, sia per l'influenza di una parte della Chiesa Cattolica ancora incapace di distinguere tra i *Due Soli*, che faceva della sedicente spiritualità, un seme per generare potere temporale), in realtà il cambio di energia utilizzata, liberò finalmente la creatività, nobile strumento che Dio ci dona per risolvere efficacemente i problemi che affrontiamo quotidianamente nel custodire il creato, perché ci sfami. Dagli schiavi, si passò ai servi della gleba. In effetti la differenza non è molta, ma fu sufficiente la piccola dose di coinvolgimento aggiuntivo delle persone nel mondo, affinché esse mettessero a frutto le loro idee per migliorare lo *status quo*. Sono di questi anni invenzioni come il mulino o l'aratro, che permisero lo sfruttamento di forze come l'acqua ed il vento per macinare le sementi e lo sfruttamento della forza degli animali per dissodare il terreno. Come vedete, l'energia da sempre è la chiave per comprendere le attività dell'Uomo. Fino alla prima rivoluzione industriale nel 1700, lo sviluppo del pensiero e quello tecnologico, si sono alternati con una sorta di equilibrio produttivo. Un giorno un certo James Watt, osservando i sussulti del coperchio poggiato su una pentola di zuppa che bolliva, immagina come poter immagazzinare e sfruttare tutta quella energia, che una volta cotta la zuppa, si disperde nell'ambiente: un vero peccato! Comincia a studiare meccanismi e soluzioni innovativi per generare energia meccanica a partire da quella termica. In sostanza, Watt vuole riuscire a far muovere dei macchinari con il vapore caldo. La logica è sempre quella: trovare l'energia per faticare meno ma ottenere di più. Pensate che rivoluzione nella vita di tutti i giorni: invece di fare io una gran fatica a fare qualcosa, o comunque addestrare un animale a farlo e poi stargli dietro, do fuoco a qualcosa ed il calore generato, se debitamente convogliato, farà il lavoro al posto mio! Che incredibile meraviglia.

Chissà quale dev'essere stata la sensazione di riuscire a far muovere una locomotiva con il vapore, la prima volta. Quando nessuno lo ha mai fatto. Quando, soprattutto, nessuno lo ha mai pensato. Una sensazione inebriante, una soddisfazione incredibile. Tipo quella di sentirsi un dio. Controllare l'energia sono sicuro che dia all'Uomo deliri di onnipotenza divina. Ecco perché, tra le varie cause sociali, a partire da quel momento, l'Uomo si è concentrato sempre di più, fin quasi esclusivamente, sullo sviluppo della tecnologia piuttosto che del pensiero. Al liceo in Italia si studia la filosofia greca e quando ti iscrivi alla facoltà di giurisprudenza, uno tra i primi esami che sostieni è Diritto Romano. Sono oltre duemila anni che ci tramandiamo questi tipi di sapere, senza crearne di nuovi. Mentre, è sotto gli occhi di tutti, la tecnologia supera se stessa ogni settimana. Abbiamo conferito al progresso tecnologico un'anima che esso non ha né può avere. Abbiamo fatto lo stesso errore con l'economia: ritenendoci dei, pensiamo che ciò che creiamo, abbia una propria vita. Abbiamo creato l'economia e qualcuno sostiene che essa possa autoregolarsi sempre ottenendo il meglio per tutti. Non è affatto vero! E quando non arriviamo a fine mese lo scopriamo da soli. Creiamo la tecnologia e poi pensiamo che sia di per sé cosa buona. Anche senza etica, anche senz'anima. Un esempio su tutti: siamo riusciti a scindere l'atomo traendone un'energia immensa. Però l'abbiamo usata per fare la guerra con le bombe atomiche. O comunque quando la facciamo diventare energia elettrica nelle centrali, poi non sappiamo gestire le terribili scorie che si producono.

O pensiamo troppo allo spirito, all'etica, al pensiero, oppure affidiamo tutte le nostre speranze di salvezza alla tecnica, alla scienza, al progresso. Ma prendersi cura del Creato come si confà all'Uomo che non tradisce sé stesso, spingendosi oltre l'egoismo narcisistico del sé, attraverso la ricerca costante del *magis*, significa pensiero ed azione, significa filosofia e tecnologia. Non esiste primato di un aspetto sull'altro. Sono queste due anime dell'uomo a garantirgli il futuro, a patto che siano in relazione dialettica e non in contrapposizione.

Come Pietro e Paolo, uno più pragmatico, uomo d'azione, l'altro colto ed intellettuale. Dio ha voluto fondare la sua Chiesa, attraverso Gesù, su questi due uomini, come esempio della necessità di fratellanza. Fratellanza intesa come la sinergia che si crea tra le persone che mettono in comune i reciproci talenti, al servizio di tutti, per un risultato migliore, maggiore. Dobbiamo riunire il progresso tecnologico con quello del pensiero. Siamo in grado di farlo ed abbiamo bisogno che sia fatto. Che la scienza interpelli l'etica, che la filosofia si avvalga di tecnologia, che il tecnico chieda consiglio al teorico, che l'intellettuale sia al servizio dell'operativo. In sintesi, che ci sia compromissione sana e creativa tra le persone: che si attesti fratellanza.

LS 110

[…] Una scienza che pretenda di offrire soluzioni alle grandi questioni, dovrebbe necessariamente tener conto di tutto ciò che la conoscenza ha prodotto nelle altre aree del sapere, comprese la filosofia e l'etica sociale. Ma questo è un modo di agire difficile da portare avanti oggi. Perciò non si possono nemmeno riconoscere dei veri orizzonti etici di riferimento. La vita diventa un abbandonarsi alle circostanze condizionate dalla tecnica, intesa come la principale risorsa per interpretare l'esistenza. Nella realtà concreta che ci interpella, appaiono diversi sintomi che mostrano l'errore, come il degrado ambientale, l'ansia, la perdita del senso della vita e del vivere insieme […].

INDICE PROGRESSIVO

La potenza di strumenti come la matematica. Le incognite delle equazioni per individuare cosa non va.

14   Bilanciare le equazioni. Roma, Oggi

La Sovranità Monetaria senza libero accesso all'energia è uno strumento inutile. L'incognita che bilancia l'equazione dell'attuale condizione sociale è l'Indipendenza energetica, insieme alla Sovranità Monetaria.

15   Promesse d'amore. Roma, Dicembre 2005

Avevo promesso a mia Moglie ed a me stesso di impegnarmi nella cura della nostra casa comune. Questo scritto è l'inizio del mio impegno.

16   Comprendere o intuire? Roma, Agosto 2015

L'intuizione è una comprensione più profonda perché si avvale non solo della razionalità e della conoscenza testuale lineare; ecco perché cerco di fare intuire al lettore le mie idee, le mie sintesi, le mie proposte; piuttosto che raccontarle semplicemente.

17   Costo, valore e valore del valore. Roma, Oggi

Il costo è solo una convenzione, il valore rappresenta l'Uomo in relazione al creato. Limitare l'accesso al denaro sposta l'accento dal valore al costo, creando una grave distorsione.

18   Cumannari è megghiu ca futtiri. Roma, Oggi

Limitare l'accesso al denaro con politiche anti inflazione è in realtà un modo per avere potere esclusivo; la cessione della Sovranità Monetaria è l'evoluzione di questo intento malevolo.

19   Roma, 8 aprile 2005

Per riappropriarci degli strumenti per gestire il nostro mondo e quindi tornare ad avere un futuro, è necessario non operare pericolose separazioni tra intelletto e tecnica, tra pensiero ed azione.

20   Non si capisce perché. Roma, Oggi

21   M.C. Escher. Roma, Oggi

20 NON SI CAPISCE PERCHÉ
ROMA, OGGI

Su una cosa, ma solo su questa, lo scritto del papa differisce dal mio.

LS 61.

[...] Su molte questioni concrete la Chiesa non ha motivo di proporre una parola definitiva e capisce che deve ascoltare e promuovere il dibattito onesto fra gli scienziati, rispettando le diversità di opinione. Basta però guardare la realtà con sincerità per vedere che c'è un grande deterioramento della nostra casa comune. [...]

Abbiamo un'idea diversa su quello che sia l'impegno da profondere nella casa comune. Una volta riconosciuto il nostro ruolo, poi l'enciclica afferma che non è compito della Chiesa proporre soluzioni, ma solo stimolarle. Non capisco perché. Inoltre mi pare in contraddizione con l'operato della Chiesa, da sempre.

Faccio alcuni esempi.

Gesù professa l'anima missionaria della Chiesa *[...] Andate dunque e ammaestrate tutte le nazioni, battezzandole nel nome del Padre e del Figlio e dello Spirito Santo, insegnando loro ad osservare tutto ciò che vi ho comandato. [...]* Matteo 28, 19-20.

Quanti ordini esistono che si occupano principalmente di questa attività? Tantissimi. Lo stesso papa Francesco si è impegnato con l'esortazione apostolica Evangelii Gaudium a promuovere lo spirito missionario tra gli uomini, indicando perché farlo e come.

Gesù insegna a condividere ciò che abbiamo in più con i poveri.

San Francesco d'Assisi fece del sostegno materiale e spirituale ai poveri la sua ragione di vita. Una vita che tante persone vogliono da secoli seguire, tanto che venne fondato l'ordine dei francescani con l'avallo di papa Onorio III nel 1223, chiamato ordine dei frati minori. Lo stesso papa Bergoglio ha voluto prenderne il nome proprio per onorare le sue origini spirituali. Il papa Onorio III fu visitato da Francesco il quale gli sottopose una Regola, cioè una serie di dettami che entravano specificatamente nel merito di come vivere il Vangelo. Una proposta, come tante. Certamente molto convincente tanto che Onorio la *bollò*. Significa che la sottoscrisse. Insomma che si schierò. A Francesco il papa Onorio III non rispose che la Chiesa ha il compito di stimolare la fede ed il dibattito su di essa ma non deve entrare nel merito.

La chiesa inoltre avalla istituzioni come la *Caritas* che ha come missione principale proprio quella dell'accoglienza dei poveri e dei loro bisogni.

Gesù curò gli ammalati sia in via metaforica per permettere alle persone di comprendere più facilmente che curare il corpo significa curare l'anima e viceversa, sia perché prendersi cura degli ammalati è una priorità dell'Uomo. Ebbene, da secoli gli ospedali migliori al mondo hanno nomi come San Camillo (Roma), Santo Spirito (Roma), San Matteo (Pavia), Saint Mary's Hospital (Londra), Charitè (Berlino), Mount Sinai Hospital (New York) e l'elenco potrebbe essere davvero lungo. Spesso, poi, le suore dedicano la vita professionale alla cura degli ammalati nel ruolo di infermiere.

La compagnia di Gesù fondata da Sant'Ignazio, di cui ho già parlato a proposito del concetto di magis, è stata fin dai primi anni una grande istituzione della Chiesa per la diffusione dell'istruzione e della crescita culturale delle persone, in quasi tutte le parti del mondo. In generale, moltissimi istituti scolastici, nei secoli, sono stati tenuti dal clero, tramandando grandi porzioni di sapere. La Chiesa non si è limitata a dire <*sarebbe bene che i bambini studiassero...*>. La chiesa ha impersonato l'istruzione.

Infine, sempre la Chiesa, è stata la prima a comprendere la potenza e la versatilità dello strumento denaro, nella cura del creato. Molti istituti di credito e banche hanno nomi riconducibili al mondo della Chiesa e del Cristianesimo. Questo perché nel Medioevo, quando cominciarono i primi esempi di mercantilismo, molte persone viaggiavano avendo bisogno non solo di punti per il ricovero ed il ristoro, ma anche di fidati cambiavalute dove poter lasciare in custodia le monete ottenute con gli scambi di merci. I religiosi da sempre sono dislocati sul territorio e quindi venne naturale cominciare a svolgere oltre che le funzioni di ricovero anche di istituto di credito.

Non capisco perché allora non sia possibile avere, a partire dal Vaticano, per arrivare alle istituzioni laiche, passando per gli ordinamenti degli Stati Sovrani, un organo centrale, come, ad esempio, la Congregazione per la Dottrina della Fede. Magari un dipartimento specifico per la Dottrina Sociale della Chiesa, che si occupi di tutto ciò che significa gestione della casa comune. E nei governi, un Ministero che non si limiti a gestire i parchi e le riserve protette e poco più, come il Ministero dell'ambiente in Italia; ma un Ente che possa gestire concretamente le implicazioni tra Sovranità Monetaria, Politiche Monetarie, Indipendenza Energetica e Sviluppo. Ciascuno, in base ai popoli, con il proprio approccio, ma con l'unico grande obiettivo di prendersi cura della nostra casa comune.

INDICE PROGRESSIVO

La potenza di strumenti come la matematica. Le incognite delle equazioni per individuare cosa non va.

14 Bilanciare le equazioni. Roma, Oggi

La Sovranità Monetaria senza libero accesso all'energia è uno strumento inutile. L'incognita che bilancia l'equazione dell'attuale condizione sociale è l'Indipendenza energetica, insieme alla Sovranità Monetaria.

15 Promesse d'amore. Roma, Dicembre 2005

Avevo promesso a mia Moglie ed a me stesso di impegnarmi nella cura della nostra casa comune. Questo scritto è l'inizio del mio impegno.

16 Comprendere o intuire? Roma, Agosto 2015

L'intuizione è una comprensione più profonda perché si avvale non solo della razionalità e della conoscenza testuale lineare; ecco perché cerco di fare intuire al lettore le mie idee, le mie sintesi, le mie proposte; piuttosto che raccontarle semplicemente.

17 Costo, valore e valore del valore. Roma, Oggi

Il costo è solo una convenzione, il valore rappresenta l'Uomo in relazione al creato. Limitare l'accesso al denaro sposta l'accento dal valore al costo, creando una grave distorsione.

18 Cumannari è megghiu ca futtiri. Roma, Oggi

Limitare l'accesso al denaro con politiche anti inflazione è in realtà un modo per avere potere esclusivo; la cessione della Sovranità Monetaria è l'evoluzione di questo intento malevolo.

19 Roma, 8 aprile 2005

Per riappropriarci degli strumenti per gestire il nostro mondo e quindi tornare ad avere un futuro, è necessario non operare pericolose separazioni tra intelletto e tecnica, tra pensiero ed azione.

20 Non si capisce perché. Roma, Oggi

Non è condivisibile che non si indichi e si applichi una via per la gestione della casa comune. È talmente importante che è fondamentale l'apporto sia della Chiesa che delle Istituzioni civili, che dei singoli cittadini.

21 M.C. Escher. Roma, Oggi

21 M.C. ESCHER
ROMA, OGGI

Maurits Cornelis Escher è stato un artista vissuto tra il 1898 ed il 1972 in Olanda. È noto per le sue opere assolutamente uniche. Escher amava esplorare le più variegate pieghe della realtà, finendo per sforare nell'impossibile e nell'infinito. A partire dalle rigide regole della geometria euclidea e della gravità, fino alle sconfinate emozioni che regalano la creatività e la fantasia. Le sue illustrazioni rappresentano la realtà stravolta nell'impossibile. Guardare un'opera di Escher significa perdersi nel mondo della fantasia, inclinando la testa da un lato e poi dall'altro per cogliere ogni prospettiva possibile. Che meraviglia!

Una sua opera del 1948 si intitola *Mani che si disegnano*. Si tratta di un'opera semplice nel concetto, ma precisa ed emozionante nella realizzazione, incommensurabile nelle implicazioni e nei significati. Con un tratteggio leggero a matita l'olandese immagina un foglio su cui una mano disegna, a matita, una mano. Le figure sono speculari. Quindi la seconda mano disegna la prima... oppure viceversa. Insomma, la realizzazione è stupefacente. Poi, si sa, *de gustibus non disputandum est*. Una cosa è certa: l'autore voleva rappresentare l'autoreferenzialità. La capacità di rispondere solo a sé stessi. Un rischio immenso, in quasi tutti gli aspetti sociali del vivere. Eppure, ci sono degli ambiti dell'esistenza dove solo noi possiamo essere misura di tutte le cose. la dicitura latina *de gustibus non disputandum est*, non è l'essenza stessa dell'autoreferenzialità?

L'amore per qualcuno, al di là del mero bilancio tra i suoi pregi ed i suoi difetti. La logica comune condivisa socialmente non permetterebbe di amare in certe situazioni. Eppure, conosciamo bene che significa l'autoreferenzialità dell'amore. È il motivo per cui è meraviglioso. Ma anche del suo scandalo. L'amore è autoreferenziale, nel senso che parte dall'io, indistintamente, irrazionalmente, incomprensibilmente. Questo lo rende la cosa più importante; questo ne sancisce il destino sociale: fa scandalo. Come fece scandalo Gesù, con il suo Amore, con la sua Verità, con il suo essere autoreferenziale, pur abbracciando tutta l'umanità, presente e futura. Cosa esiste di più autoreferenziale di un Dio che decide di creare un essere a sua immagine e somiglianza? Può esistere un amore più grande? Chissà! Io almeno la vedo così... ed è per questo che ho scelto come copertina del mio scritto iniziale, l'opera di Escher delle *Mani che si disegnano*.

Adesso segue lo scritto di cui depositai i diritta alla SIAE alla fine di novembre del 2013, proprio quando veniva divulgata l'esortazione apostolica Evangelii Gaudium, come proposta politica, economica, sociale ma soprattutto etica.

Ho deciso di proporvelo inframmezzato dalle parti delle opere di papa Francesco che appaiono più sovrapponibili. C'è inoltre il riferimento ai capitoli e paragrafi, per trasparenza e comodità. Infine introduco questi passaggi spendendo alcune parole per raccordare i due testi: il mio scritto, normale, commenti e riferimenti, in corsivo.

22 SOMMARIO

Le cose non funzionano, poco ma sicuro. Ci vuole coraggio e fantasia per cambiare. Per cambiare serve capire le cose, solo che a volte ciò che cerchiamo è talmente evidente che lo diamo per scontato. In questo modo, non andando all'essenza della realtà, non si migliora: senza fantasia, senza coraggio, si perdono le occasioni!

La democrazia è fatta dell'impegno di tutti, inoltre essere artefici del proprio destino rende felici, perché l'uomo si realizza organizzando la propria vita ed il proprio territorio, in fratellanza e dialettica con tutti gli altri abitanti. Infatti abbiamo da decenni siglato accordi internazionali che sanciscono l'autodeterminazione dei popoli: fondamento della democrazia e della libertà, che non si concilia con la perdita di Sovranità Monetaria.

Il denaro è uno strumento potente: efficiente perché veloce, ma è solo uno strumento e non il fine e come tale va concepito ed usato; mentre dobbiamo difenderci da politiche monetarie volte a contenere l'inflazione: esse sono un raggiro! Ci sono quantità enormi di cose utili e necessarie per tutti da comprare che l'inflazione non può generarsi.

Anche la scienza conferma che la democrazia partecipativa aumenta i livelli di felicità, al contrario di quella rappresentativa, allora impegniamoci in prima persona nella cura di ciò che è comune e percepiremo un sensibile aumento del senso di pienezza esistenziale. Tuttavia per farlo sono necessari strumenti di cui dobbiamo dotarci e di cui non possiamo fare a meno. Il denaro è uno di questi strumenti ma da solo non è sufficiente, quindi alla Sovranità Monetaria va affiancato qualcos'altro; ma cosa? Dicevamo che quello che diamo per scontato perché lo abbiamo sotto gli occhi, a volte è proprio ciò che cerchiamo. Così dobbiamo imparare a distinguere tra un'energia che possiamo sfruttare ed una che non è disponibile, e saper scegliere ed usare il giusto strumento per trasformare l'energia e renderla disponibile. Da questa scelta dipende il successo del nostro impegno. Adottando ad esempio strumenti potenti come la matematica, possiamo sfruttare la capacità delle equazioni per individuare il valore di variabili incognite, cioè per individuare cosa non va. Trasformando la nostra realtà sociale in un equazione scopriremmo che la Sovranità Monetaria senza libero accesso all'energia è uno strumento inutile. L'incognita che bilancia l'equazione dell'attuale condizione sociale è l'Indipendenza energetica, insieme alla Sovranità Monetaria.

Avevo promesso a mia moglie ed a me stesso di impegnarmi nella cura della nostra casa comune. Questo scritto è l'inizio del mio impegno e voglio condividerlo con altre persone, per questo motivo lo scrivo. Questo mio lavoro è la stesura di alcune intuizioni che ho avuto modo di verificare in anni di studi ed esperienze sul campo, unitamente all'analisi quotidiana del divenire sociale, economico e politico. Non esistono ricette, ma impegni, progetti comuni, creatività e coraggio. Ecco perché mi sono affidato all'intuito per formulare queste idee che compongono il mio scritto. Va però tenuto conto che l'intuizione è una comprensione più profonda perché si avvale non solo della razionalità e della conoscenza testuale lineare; per questo motivo cerco di fare intuire al lettore le mie idee, le mie sintesi, le mie proposte; piuttosto che raccontarle semplicemente. E cerco di ottenere questo risultato, offrendo situazioni, contesti, impressioni e personaggi che hanno influenzato negli anni la mia fantasia, sperando possano stimolare intuizioni simili o quanto meno poter comprendere meglio queste di cui vi parlo, appunto, intuendole.

Per completare questo percorso insieme, dobbiamo ancora riflettere sulla vera entità del costo, del prezzo: essi sono solo una convenzione, il valore, invece, rappresenta l'Uomo in relazione al creato. Dobbiamo renderci consapevoli che limitare l'accesso al denaro sposta l'accento dal valore al costo, creando una grave distorsione perché limitare l'accesso al denaro con politiche anti inflazione è in realtà un modo per avere potere esclusivo; la cessione della Sovranità Monetaria è l'evoluzione oltranzistica di questo intento malevolo.

Per riappropriarci degli strumenti per gestire il nostro mondo e quindi tornare ad avere un futuro, è necessario non operare pericolose separazioni tra intelletto e tecnica, tra pensiero ed azione. Insomma l'ingegnere ed il filosofo devono lavorare gomito a gomito, il programmatore di software non può non lasciarsi consigliare da un politico e da un economista.

Non è condivisibile che non si indichi e si applichi una via per la gestione della casa comune. È talmente importante che è fondamentale l'apporto sia della Chiesa che delle Istituzioni civili, che dei singoli cittadini. Infine, sebbene la gestione del creato vada fatta in comunione tra le persone, cercando il continuo confronto per migliorare sé stessi e la società, va interiorizzato che l'amore che ci muove è autoreferenziale, cioè non deve essere condizionato dal suo oggetto, sia esso l'Uomo oppure il Creato. Questo ci rende ad immagine e somiglianza di Dio.

ANTROPIA

DISCORSI ETICI E UTILI SOLUZIONI

INDICE

1 PREMESSA: AD IMMAGINE E SOMIGLIANZA DI DIO

Antropia è un progetto fatto da uomini per l'Uomo.

In quanto tale, per comprendere Antropia e le sue finalità, è necessario introdurre l'antropologia in cui affonda le proprie radici: Cosa è l'Uomo? Attraverso cosa si realizza l'esistenza umana? Come va interpretato e verso cosa va orientato lo sforzo esistenziale?

LS 116

Anche Papa Francesco desidera ricordare la vera essenza dell'antropologia cristiana

[...] Una presentazione inadeguata dell'antropologia cristiana ha finito per promuovere una concezione errata della relazione dell'essere umano con il mondo. Molte volte è stato trasmesso un sogno prometeico di dominio sul mondo che ha provocato l'impressione che la cura della natura sia cosa da deboli. Invece l'interpretazione corretta del concetto dell'essere umano come signore dell'universo è quella di intenderlo come amministratore responsabile. [...]

Al termine della Creazione, Dio disse: < Facciamo l'uomo a nostra immagine, conforme alla nostra somiglianza > (Genesi 1:26).

Già al comparire dell'Uomo nella Bibbia, esso è precisamente delineato. Questo significa che l'Uomo è stato creato per assomigliare a Dio! In sostanza Dio desidera che la sua creatura preferita compartecipi alla Creazione: distinguendolo dagli animali e dalle altre creature, Dio dona all'Uomo la volontà e la responsabilità affinché esso possa compiere delle scelte, finalizzate al "dominio" del Creato.

LS 76

Antropia anticipa il voler connotare l'ambiente che ci circonda "creato" piuttosto che semplicemente "ambiente naturale" o "natura" e le ragioni sono proprio le stesse:

[…] Per la tradizione giudeo-cristiana, dire "creazione" è più che dire natura, perché ha a che vedere con un progetto dell'amore di Dio, dove ogni creatura ha un valore e un significato. La natura viene spesso intesa come un sistema che si analizza, si comprende e si gestisce, ma la creazione può essere compresa solo come un dono che scaturisce dalla mano aperta del Padre di tutti, come una realtà illuminata dall'amore che ci convoca ad una comunione universale […].

Siccome Dio è uno e trino, l'Uomo realizza sé stesso nella comunione con altri uomini e questo rappresenta il mandato di fratellanza e socievolezza che abbiamo come compito terreno.

Oltre ad essere immagine e somiglianza di Dio in quanto persona in relazione di amore, l'Uomo riflette l'essenza di Dio anche in quanto "libero". Spesso, tuttavia, la libertà viene confusa, più o meno consapevolmente, col libertinaggio, alterandone l'identità e le finalità. Proprio attraverso la libertà in Dio, l'Uomo è in grado di realizzarsi al meglio delle proprie potenzialità. In questo senso si può affermare che la libertà è la capacità di diventare il meglio di sé.

Benedetto XVI nell'Enciclica *Caritas in Veritate* dice: La vocazione cristiana allo sviluppo aiuta a perseguire la promozione di **tutti gli uomini e di tutto l'uomo**. Scriveva Paolo VI: « Ciò che conta per noi è l'uomo, ogni uomo, ogni gruppo d'uomini, fino a comprendere l'umanità tutta intera ».

Si è citata la volontà: essendo l'Uomo immagine di Dio che è Verità, la volontà è la forza che spinge alla ricerca della Verità, che a sua volta altro non è che la realizzazione piena di sé. La volontà quindi di compiere decisioni, di interagire col creato e di compartecipare alla Creazione attraverso i propri talenti.

La *responsabilità*, invece, è la bussola che orienta la volontà dell'Uomo; l'origine del significato del termine responsabilità è la capacità di rispondere delle cose: di fatto, l'amministrazione del mondo. Il mondo appartiene a Dio in quanto ne è il Creatore. L'Uomo è chiamato a gestirlo e farlo fruttare, in base alle sue potenzialità enormi ed, in parte considerevole, ancora inespresse, in funzione del benessere di tutti gli uomini, sia singolarmente che collettivamente.

LS 80

I bambini aderiscono alle idee e modi di fare dei genitori perché li imitano e introiettano una visione del mondo che li rassicura e cioè quella a loro più vicina; per i primi anni di vita è pure l'unica. Poi nell'adolescenza cominciamo a mettere in discussione via via ogni cosa. Certo, dipende poi dall'indole di ciascuno di noi... mi ricordo che la mia nonna materna era solita chiamarmi "il contestatore" per questa mia inclinazione a mettere in discussione le cose, già anni prima dell'adolescenza. Poi si cresce, si matura un proprio pensiero e spesso si recupera anche il rapporto con i genitori, dai quali correttamente si era preso un distacco. Si torna alla casa paterna dopo aver personalizzato e rielaborato i pensieri e modi di essere imparati da piccoli.

Dico questo perché a volte non c'è innovazione maggiore che quella di tornare dove eravamo, solo cresciuti, più consapevoli.

Immaginare un Uomo che collabora con Dio significa proprio questo: secoli fa si immaginava un Dio che incuteva paura, al quale si obbediva acriticamente, come i bambini con i genitori. Quando abbiamo capito che abbiamo il potenziale del pensiero che si traduce in fantasia realizzativa, siamo diventati arroganti e contestatori come gli adolescenti. Ritengo sia il momento di acquisire la maturità e riprendere il cammino dell'Uomo, considerandoci per quello che siamo.

[...] In qualche modo, Egli ha voluto limitare sé stesso creando un mondo bisognoso di sviluppo, dove molte cose che noi consideriamo mali, pericoli o fonti di sofferenza, fanno parte in realtà dei dolori del parto, che ci stimolano a collaborare con il Creatore [...]

[...]Come se il maestro costruttore di navi potesse concedere al legno di muoversi da sé per prendere la forma della nave [...].

Se, abusando della libertà di Dio, l'Uomo distrugge in sé l'esserne immagine e somiglianza, per essere idolo a sé stesso, esso si mortifica e si destruttura, con il risultato di perdere il senso delle cose, perdere la serenità e la pienezza dell'esistenza, e invece di amministrare e far fruttare il Creato, lo depreda, degradandolo.

Riferimento a LS 66 riportato più avanti.

Siamo stati creati quindi per curare il mondo e far sì che dia frutto attraverso la nostra capacità volitiva di cercare, studiare, inventare; e farlo in modo responsabile, non tradendo la nostra essenza.

LS 79

I termini "curare", "prendersi cura" ricordano l'amore che i genitori nutrono per i figli, per le proprie creature, che li spinge a sacrifici a volte quasi insostenibili pur di permettere loro di crescere e svilupparsi. L'enciclica adotta lo stesso vocabolario

[…] Pertanto, l'azione della Chiesa non solo cerca di ricordare il dovere di prendersi cura della natura, ma al tempo stesso «deve proteggere soprattutto l'uomo contro la distruzione di sé stesso» […].

In questa cornice, si inserisce il nome **Antropia**.

Esso è un neologismo la cui etimologia va fatta risalire al termine greco *anthropos* che significa uomo.

Per iniziare a raccontare cos'è Antropia si potrebbe adattare un passo di Proust ne "I Guermantes", 1920:

[…]La cura del Creato è un compendio di errori successivi e contraddittori dell'Uomo… Sicché credere alla cura del Creato sarebbe suprema follia, se "non crederci" non fosse una follia peggiore, poiché da quell'accumularsi di errori è pur scaturito, alla lunga, qualche miglioramento[…].

Antropia è quindi la **volontà** dell'Uomo di agire **responsabilmente**, acquisendo **consapevolezza** al fine della **cura** del Creato e degli altri Uomini, per un **pieno sviluppo** di ogni aspetto umano di ciascun individuo.

LS 25

Fin da subito si individua l'indifferenza come opposto di responsabilità. È da notare che l'enciclica già a partire dal sottotitolo la cura della casa comune fa venire alla mente l'idea di Pericle di ecclesia.

[...]Purtroppo c'è una generale indifferenza di fronte a queste tragedie, che accadono tuttora in diverse parti del mondo (si parla in questo momento della mancanza di possibilità per gli uomini di realizzarsi e provvedere alle proprie famiglie per via del degrado ambientale ndr). La mancanza di reazioni di fronte a questi drammi dei nostri fratelli e sorelle è un segno della perdita di quel senso di responsabilità per i nostri simili su cui si fonda ogni società civile.[...]

Le parole di Papa Francesco nell'omelia di apertura di pontificato del 19 marzo 2013, sono l'invito rivolto agli uomini ed alle donne di buona volontà affinché ci si impegni nell'essenza dell'Uomo:

[...] Vorrei chiedere, per favore, a tutti coloro che occupano ruoli di responsabilità in ambito economico, politico o sociale, a tutti gli uomini e le donne di buona volontà: siamo "custodi" della creazione, del disegno di Dio iscritto nella natura, custodi dell'altro, dell'ambiente; non lasciamo che segni di distruzione e di morte accompagnino il cammino di questo nostro mondo! Ma per "custodire" dobbiamo anche avere cura di noi stessi! Ricordiamo che l'odio, l'invidia, la superbia sporcano la vita [...].

Questa è Antropia!

2 ANTROPIA

In passato l'Uomo ha dimostrato di aver avuto fede nel progresso in quanto essere pensante in grado di indagare la Natura attraverso la Scienza. Illuminismo e Positivismo sono stati movimenti filosofici e culturali basati sulla Ragione dell'Uomo e sulla Critica di essa, intesa come confronto e dibattito della Ragione circa l'esperienza. In questa concezione del mondo, la Ragione rifiuta orgogliosamente tutto ciò che non deriva da essa. Immanuel Kant nel 1784 cercando di rispondere esaurientemente alla domanda circa l'essenza dell'illuminismo, sosteneva che esso consiste nel coraggio di usare la propria intelligenza, senza avvalersi della "guida" di altre persone. Questo modo di interpretare l'intelletto umano può in qualche modo essere fatto risalire alla divisione che Cartesio opera tra mondo del pensiero e mondo del corpo, distinzione dettata, oltre che da contenutistiche ragioni filosofiche, anche dalla necessità, avvertita dal filosofo, di affrancare definitivamente il sapere dell'Uomo, dal controllo e predominio della teologia cristiana: concedendo "prerogativa" alla cristianità per quanto riguarda il mondo del pensiero e dell'anima, Cartesio opera un artificio logico tanto funambolico quanto efficace: l'Uomo può indagare il corpo inteso come il creato con la sola Ragione filosofica.

Questi, in sostanza, i presupposti culturali che hanno portato l'Uomo a scordare, e talvolta rinnegare la propria essenza ed il relativo mandato che comporta, finendo per considerarsi autosufficienti, in virtù dei progressi scientifici ad opera della sola

Ragione.

Tuttavia in questo modo l'Uomo se da un lato acquista sicurezza tramite l'illusione che formulazioni scientifiche e filosofiche possano essere esaustive, nella descrizione e quindi gestione e cura del creato, dall'altro immerge sé stesso nel relativismo, cioè un mondo dove non esistono verità assolute, perché la scienza è sempre pronta a superarsi per sua natura, e l'Uomo dimenticando la sua somiglianza a Dio, erge sé stesso ad idolo, con i pericoli che l'individualismo inevitabilmente comporta, come egoismo e prevaricazione.

Il relativismo o il determinismo che derivano da simili approcci alla vita, rendono l'esistenza dell'Uomo inutile, predeterminata, casuale. Ecco che allora in una visione tale del mondo e della vita, tanto vale pensare solo a sé, prevaricando le leggi e l'etica ed ogni altro uomo, in favore di un proprio tornaconto.

Il deterioramento degli ecosistemi, non è altro che lo specchio di questo approccio, e la finanza speculativa unitamente alla perdita di sovranità monetaria da parte di molti popoli sono gli strumenti che servono più di tutti ad idolatrare l'uomo, a discapito della sua vera essenza.

La negatività di tale approccio è sotto gli occhi di tutti, perché a partire dalla crisi valoriale e finanziaria dell'occidente, si stanno guastando anche i destini del resto della popolazione mondiale.

Se l'Uomo comprende ed interiorizza il fatto che è immagine e somiglianza di Dio, allora come può sfruttare fino a rendere sterile il giardino meraviglioso che Dio ci ha donato, coinvolgendoci nella sua gestione? Se gli altri uomini sono, come me, immagine e somiglianza di Dio, come posso vessarli attraverso politiche di sottomissione culturale, economica e finanziaria, fino al completo impedimento del loro sviluppo?

Antropia, già a partire dal nome, si identifica come uno stravolgimento: dall'uomo idolo di sé all'Uomo immagine e somiglianza di Dio.

LS 66

La sovrapponibilità tra il mio testo del 2013 e l'enciclica in questi passaggi è totale

[...] l'esistenza umana si basa su tre relazioni fondamentali strettamente connesse: la relazione con Dio, quella con il prossimo e quella con la terra. Secondo la Bibbia, queste tre relazioni vitali sono rotte, non solo fuori, ma anche dentro di noi. Questa rottura è il peccato. L'armonia tra il Creatore, l'umanità e tutto il creato è stata distrutta per avere noi preteso di prendere il posto di Dio, rifiutando di riconoscerci come creature limitate. Questo fatto ha distorto anche la natura del mandato di soggiogare la terra (cfr Gen 1,28) e di coltivarla e custodirla (cfr Gen 2,15)[...].

LS 67

[...]oggi dobbiamo rifiutare con forza che dal fatto di essere creati a immagine di Dio e dal mandato di soggiogare la terra si possa dedurre un dominio assoluto sulle altre creature. È importante leggere i testi biblici nel loro contesto, con una giusta ermeneutica, e ricordare che essi ci invitano a «coltivare e custodire» il giardino del mondo (cfr Gen 2,15)[...].

LS 70

[...]Trascurare l'impegno di coltivare e mantenere una relazione corretta con il prossimo, verso il quale ho il dovere della cura e della custodia, distrugge la mia relazione interiore con me stesso, con gli altri, con Dio e con la terra [...].

Antropia rappresenta quell'energia convogliata nella quotidianità, che ne cambia il destino predeterminato; questa energia è l'Amore: la passione della ricerca, l'abnegazione in favore di una causa altruistica, la creatività al servizio delle sfide sociali, il tempo investito nel coinvolgimento di altre persone, invece che nell'esclusione...

Si sta parlando dell'energia che si immette nelle cose che si fanno attraverso l'Amore, la passione ed i propri talenti, ma, da come la Storia ci tramanda le vicende dell'Uomo, c'è un altro tipo di energia, anch'essa molto importante.

Si tratta dell'energia fisica per fare le cose, l'energia per lavorare e, successivamente, anche per far lavorare le macchine.

Essa ha un evidente importanza da sempre perché senza energia per lavorare, non è immaginabile nessuna attività dell'Uomo.

È proprio per questo motivo che la produzione energetica e il potere sociale sono da sempre ambiti intimamente connessi al concetto di economia. Di fatto l'Economia si occupa, più che della produzione di valore mettendo a frutto talenti ed il potenziale del Creato, dello sfruttamento esclusivo ed intensivo delle risorse, determinando il perno attorno a cui si esercita potere, a livello sociale.

LS 163-201

Già nel marzo 2013 ero completamente convinto che le implicazioni tra energia e potere fossero tali e tante che non si potesse analizzare una senza aver colto l'essenza dell'altra e viceversa. Oggi lo sono, se possibile, ancora di più. Uno dei motivi è il quinto capitolo dell'enciclica sulla nostra casa comune. Anche se mai in maniera esplicita, si fa riferimento, come filo conduttore al concetto di "energia" come potere di soggiogare. Ecco alcuni passaggi che ritengo più significativi

[...] La strategia di compravendita di "crediti di emissione" può dar luogo a una nuova forma di speculazione e non servirebbe a ridurre l'emissione globale di gas inquinanti. Questo sistema sembra essere una soluzione rapida e facile, con l'apparenza di un certo impegno per l'ambiente, che però non implica affatto un cambiamento radicale all'altezza delle circostanze. Anzi, può diventare un espediente che consente di sostenere il super-consumo di alcuni Paesi e settori.

172. Per i Paesi poveri le priorità devono essere lo sradicamento della miseria e lo sviluppo sociale dei loro abitanti; al tempo stesso devono prendere in esame il livello scandaloso di consumo di alcuni settori privilegiati della loro popolazione e contrastare meglio la corruzione. Certo, devono anche sviluppare forme meno inquinanti di produzione di energia, ma per questo hanno bisogno di contare sull'aiuto dei Paesi che sono cresciuti molto a spese dell'inquinamento attuale del pianeta. Lo sfruttamento diretto dell'abbondante energia solare richiede che si stabiliscano meccanismi e sussidi in modo che i Paesi in via di sviluppo possano avere accesso al trasferimento di tecnologie, ad assistenza tecnica e a risorse finanziarie, ma sempre prestando attenzione alle condizioni concrete, giacché «non sempre viene adeguatamente valutata la compatibilità degli impianti con il contesto per il quale sono progettati» I costi sarebbero bassi se raffrontati al rischio dei cambiamenti climatici. *In ogni modo, è anzitutto una decisione etica, fondata sulla solidarietà di tutti i popoli [...].*

[...] Il dramma di una politica focalizzata sui risultati immediati, sostenuta anche da popolazioni consumiste, rende necessario produrre crescita a breve termine. Rispondendo a interessi elettorali, i governi non si azzardano facilmente a irritare la popolazione con misure che possano intaccare il livello di consumo o mettere a rischio investimenti esteri. La miope costruzione del potere frena l'inserimento dell'agenda ambientale lungimirante all'interno dell'agenda pubblica dei governi. [...]

[...]La previsione dell'impatto ambientale delle iniziative imprenditoriali e dei progetti richiede processi politici trasparenti e sottoposti al dialogo, mentre la corruzione che nasconde il vero impatto ambientale di un progetto in cambio di favori spesso porta ad accordi ambigui che sfuggono al dovere di informare ed a un dibattito approfondito. [...]

[...] È sempre necessario acquisire consenso tra i vari attori sociali, che possono apportare diverse prospettive, soluzioni e alternative. Ma nel dibattito devono avere un posto privilegiato gli abitanti del luogo, i quali si interrogano su ciò che vogliono per sé e per i propri figli, e possono tenere in considerazione le finalità che trascendono l'interesse economico immediato [...]

[...]In definitiva, ciò che non si affronta con decisione è il problema dell'economia reale, la quale rende possibile che si diversifichi e si migliori la produzione, che le imprese funzionino adeguatamente, che le piccole e medie imprese si sviluppino e creino occupazione, e così via [...].

Disporre di un sistema produttivo basato sull' accesso esclusivo alle materie prime come nei sistemi sociali passati e contemporanei, comporta l'annullamento dei processi evolutivi che portano l'Uomo alla consapevolezza (conoscenza della propria identità e della realtà che lo circonda) e quindi viene a mancare il presupposto alla responsabilità (la capacità dell'Uomo di rispondere della propria esistenza, in ogni aspetto e per ogni azione).

Va inoltre tenuto in gran conto che l'origine della parola economia è rappresentata dall'unione di 2 termini risalenti al greco antico: *oìkos* + *vòmos* = casa + regola. L'economia deve quindi rappresentare il modo di amministrare la nostra casa, cioè il mondo, l'ambiente, le risorse che Dio ci ha chiamati a gestire e da cui dipendiamo.

LS 53

Papa Francesco sottolinea come il mondo sia la nostra casa comune e quindi, nei fatti, conferma l'idea di un'economia che rispetti il suo etimo, inoltre individua come fondamentale nel gestire il mondo, la corresponsabilità che abbiamo tra noi uomini e con Dio.

[...] Mai abbiamo maltrattato e offeso la nostra casa comune come negli ultimi due secoli. Siamo invece chiamati a diventare gli strumenti di Dio Padre perché il nostro pianeta sia quello che Egli ha sognato nel crearlo e risponda al suo progetto di pace, bellezza e pienezza [...].

Per la prima volta nella vicenda dell'Uomo, esistono le condizioni sociali, culturali e tecnologiche per scardinare questa dinamica millenaria, attraverso la produzione di energia a partire da risorse rinnovabili e non-elitarie, instaurando una diffusa, democratica e responsabilizzante indipendenza energetica.

LS 102

Anche San Giovanni Paolo II, come ci racconta Francesco nell'enciclica, trova la tecnologia uno strumento al servizio del pieno sviluppo umano

[...] «la scienza e la tecnologia sono un prodotto meraviglioso della creatività umana che è un dono di Dio» [...].

C'è dunque l'opportunità di accedere al presupposto di ogni attività, cioè l'energia, da parte di ogni persona, in modo tale da superare addirittura il concetto di sviluppo sostenibile, arrivando ad attuare lo Sviluppo Responsabile: in sintesi, la volontà dell'Uomo che accoglie il dono/mandato di Dio di compartecipare alla cura del Creato perché dia frutto ed alimenti le attività quotidiane in regime di fratellanza e condivisione.

LS 78

Anche per Papa Francesco lo sviluppo sostenibile va "superato" migliorandosi, tendendo ad un più adatto alle caratteristiche umane Sviluppo Responsabile

[...] Un ritorno alla natura non può essere a scapito della libertà e della responsabilità dell'essere umano, che è parte del mondo con il compito di coltivare le proprie capacità per proteggerlo e svilupparne le potenzialità. Se riconosciamo il valore e la fragilità della natura, e allo stesso tempo le capacità che il Creatore ci ha dato, questo ci permette oggi di porre fine al mito moderno del progresso materiale illimitato. Un mondo fragile, con un essere umano al quale Dio ne affida la cura, interpella la nostra intelligenza per riconoscere come dovremmo orientare, coltivare e limitare il nostro potere [...].

In questa ottica, acquista rinnovato valore e profondità il motto di René Jules Dubos *think global, act local*. Pensare tenendo in considerazione l'interezza del creato ed agire conseguentemente sulla specifica locale, coniuga la compartecipazione al divino che Dio ha concesso all'Uomo con la sua mortalità e finitezza dell'agire terreno.

Antropia significa in definitiva dare seguito al mandato di Dio di curare il Creato, derivante dall'essere a sua immagine e somiglianza, cioè la Politica, nella sua fase progettuale e l'Economia, nei suoi aspetti realizzativi.

Non Politica ed Economia come creazione di vantaggi esclusivi e logiche di parte/partitiche e accumulo di ricchezza, bensì Politica ed Economia come affermazione della identità di essere umano, inserito nel contesto mondo. Solo una costante attenzione rivolta alla libertà e capacità di diventare il meglio di sé, consente il processo esistenziale di Antropia, che altro non è che il naturale divenire dell'Uomo.

LS 61

Anche l'enciclica attribuisce all'Uomo un mandato di miglioramento di sé, che tuttavia stiamo tradendo e il deterioramento dell'ambiente lo denuncia con tutte le sue più dolorose conseguenze.

[...] Ci sono regioni che sono già particolarmente a rischio e, aldilà di qualunque previsione catastrofica, è certo che l'attuale sistema mondiale è

insostenibile da diversi punti di vista, perché abbiamo smesso di pensare ai fini dell'agire umano: «Se lo sguardo percorre le regioni del nostro pianeta, ci si accorge subito che l'umanità ha deluso l'attesa divina»[...].

3 IL MODELLO

Ogni azione relativa ad un progetto e quindi che sia orientata al raggiungimento di obiettivi specifici, da raggiungere in concerto tra le persone, necessita di un modello concettuale che le orienti, in modo da garantire:

o Aderenza ai valori che ispirano le persone ad agire,

o Coordinazione tra tutti i coinvolti,

o Coerenza nell'utilizzo di strumenti e risorse,

o Efficacia, nel raggiungere gli obiettivi, ed efficienza, massimizzando lo sforzo ed evitando sprechi.

Ogni attività dell'Uomo è il frutto combinato della capacità di pensare che abbiamo, con il nostro bagaglio di esperienze e cultura. Quindi ciò che si fa non è altro che l'incrocio tra teoria e pratica, con tradizione ed innovazione.

Il modello Antropia rappresenta cioè l'incrocio di:

1.   La capacità dell'Uomo di avere volontà, cioè di pensare se stesso ed il mondo, quindi la **teoria "Te"** e la *responsabilità* dell'agire, cioè la concretezza, della **pratica "P",**

con

2.   la quotidianità dell'Uomo, cioè la **tradizione culturale "Tr",** e la sua riprogettazione futura, cioè il diventare il *meglio di sé*, cioè **l'innovazione "I".**

Assegnando a ciascuna delle variabili, 2 soli valori possibili, ossia *dominante* "+" e *recessivo* "-", è possibile individuare le istituzioni sociali ed il modo in cui il modello Antropia ne propone l'approccio da adottare:

insegnamento   politica

istituzioni   università/ricerca

ambiente/famiglia   tecnologia

economia/finanza   lavoro

Analizzando il modello in senso orario
– Politica: è dominate la teoria sull'innovazione,
– Università/Ricerca: è dominante l'innovazione sulla teoria,
– Tecnologia: è dominante l'innovazione sulla pratica,
– Lavoro: è dominante la pratica sull'innovazione,
– Economia/Finanza: è dominante la pratica sulla tradizione,
– Ambiente/Famiglia: è dominante la tradizione sulla pratica,
– Istituzioni: è dominante la tradizione sulla teoria,
– Insegnamento: è dominante la teoria sulla tradizione.
Sempre in senso orario, i quadranti rappresentano:
– Progettazione della vita degli Uomini,
– Soddisfacimento dei bisogni, materiali ed immateriali delle persone,

–Replicazione, diffusione e controllo del modo di stare insieme,

–Educazione alla e regolamentazione della fratellanza pacifica tra gli Uomini.

Si è accennato in precedenza all'evoluzione del concetto di sviluppo sostenibile che diventa Sviluppo Responsabile.

Per Sviluppo Sostenibile si intende un processo di miglioramento delle attività dell'Uomo che tiene in considerazione 4 aspetti:

o Sostenibilità economica

o Sostenibilità sociale

o Sostenibilità ambientale

o Sostenibilità istituzionale

Questo concetto ideale è una buona piattaforma di partenza ma rischia di risultare solo teorico, se nella sua applicazione non viene considerato il riferimento alla responsabilità dell'Uomo, così come la si è definita.

Il modello Antropia, invece, si propone di equilibrare le variabili dello schema, in base all'antropologia delineata, che detta i riferimenti per l'agire responsabile di ciascuno.

LS 105

Come sottolinea il papa, nella gestione delle cose (politica, economia e tecnologia ndr) manca l'anima e questo modello è una proposta etico-metodologica

[…] Il fatto è che «l'uomo moderno non è stato educato al retto uso della potenza», [84] perché l'immensa crescita tecnologica non è stata accompagnata da uno sviluppo dell'essere umano per quanto riguarda la responsabilità, i valori e la coscienza. […]

A conferma indiretta della necessità di simili approcci, c'è il fatto che in occidente, nonostante il tenore medio di vita elevato rispetto al resto del mondo, c'è un livello di soddisfazione percepita molto basso, rispetto a paesi che definiremmo, nella migliore delle ipotesi, in via di sviluppo.

In merito a questo lato della socialità dell'Uomo, Ruut Veenhoven, prof. Emerito di "Condizioni sociali per la felicità umana" all'Università Erasmus di Rotterdam, con una serie di ricerche empiriche, ha dimostrato che ci si può sentire felici solo a patto che si percepisca di poter influenzare gli eventi della propria vita, sia personale sia in società.

Infatti se la felicità consiste nella realizzazione di sé, essa è raggiungibile solo non tradendo il mandato di compartecipazione alla cura del Creato che Dio ci ha dato; cioè contribuendo ciascuno a far in modo che il mondo dia frutti, che poi è l'essenza dell'Uomo, che ciascuno attraverso volontà e responsabilità deve realizzare.

LS 62

Adottare la scienza per dare seguito ad una morale che deriva dai rispettivi patrimoni religiosi e culturali dei vari popoli (ciascuna religione considera l'ambiente un dono di Dio all'Uomo!) non è né sbagliato né impossibile.

[...] Sono consapevole che, nel campo della politica e del pensiero, alcuni rifiutano con forza l'idea di un Creatore, o la ritengono irrilevante, al punto da relegare all'ambito dell'irrazionale la ricchezza che le religioni possono offrire per un'ecologia integrale e per il pieno sviluppo del genere umano. Altre volte si suppone che esse costituiscano una sottocultura che dev'essere semplicemente tollerata. Tuttavia, la scienza e la religione, che forniscono approcci diversi alla realtà, possono entrare in un dialogo intenso e produttivo per entrambe [...].

LS 64

E ancora

[...]Pertanto, è un bene per l'umanità e per il mondo che noi credenti riconosciamo meglio gli impegni ecologici che scaturiscono dalle nostre convinzioni[...].

4 INDIPENDENZA ENERGETICA E SOVRANITÀ MONETARIA

Sono oramai molti i movimenti e gli autorevoli esperti (perfino il premio Nobel Joseph Stiglitz) che parlano di Sovranità Monetaria come soluzione alla crisi finanziaria che ci affligge. Innanzitutto va detto che la Sovranità Monetaria di un paese non garantisce che si adottino strategie e modelli di sviluppo equi e che perseguano uno Sviluppo Responsabile mirando alla crescita della qualità della vita di ogni persona del mondo, piuttosto che al ben-avere di alcune élite di persone.

Ad ogni modo, è necessario comunque fare chiarezza su cosa è la Sovranità Monetaria.

Il denaro è uno strumento utile allo scambio di merci e servizi, allo sviluppo imprenditoriale in un'economia così come la persegue Antropia, e al corretto svolgimento della funzione di uno Stato che eroga servizi ai cittadini (Sanità, Istruzione, Viabilità, Sicurezza, Riassetto idrogeologico, Progettazione del Piano industriale e del Piano Energetico, con la realizzazione delle relative infrastrutture).

Esso è uno strumento la cui unità di misura, insomma il suo valore, è stabilita convenzionalmente: questo significa che, ad esempio, la banconota da 50€ non vale realmente 50€ ma le si attribuisce quel valore convenzionalmente da parte di un organo istituzionale a garanzia del popolo.

Uno Stato cioè produce il denaro in quantità sufficiente a garantire ai cittadini le funzioni appena descritte. La capacità che hanno gli Stati di produrre moneta viene chiamata Sovranità monetaria.

L'Italia, come Stato, ha perso questa fondamentale e necessaria prerogativa da quando è stata introdotta la moneta unica europea: l'EURO.

Lo Stato deve comprare il denaro per poter svolgere la sua attività e consentire imprenditoria e consumi. Il costo del denaro è ingente ed è passibile di interessi bancari: cioè la quantità di moneta da restituire a chi la vende è proporzionale al tempo che si impiega per accumularla.

Più passa il tempo, maggiore è l'interesse sulle somme da restituire. Questo debito che lo Stato accumula nel tempo si chiama debito pubblico.

A questo punto, sono chiarissime 4 cose:

1. Non c'è ragione economica, sociale o politica perché l'Uomo debba perdere la sovranità sullo strumento di gestione dell'economia; farlo è un crimine contro l'umanità! (Se l'Uomo è chiamato a compartecipare alla cura del mondo, e l'economia è l'insieme di regole e strumenti per farlo, che diritto si ha di togliere alle persone la sovranità sullo strumento cardine dell'economia?),

2. Al netto delle politiche dei cambi di valuta, è comunque molto più costoso comprare la moneta da qualcuno, anche avendo un rapporto di cambio sfavorevole,

3. Il debito pubblico creato in questo modo non può che aumentare negli anni, e anche il solo pareggio di bilancio è un carico eccessivo (la famigerata austerity) sulle spalle di famiglie ed imprese, la cui sopportazione è comunque comprovato che fa male all'economia piuttosto che sanarla,

4. Se uno Stato stampa autonomamente la moneta, come può fallire? Avendo la Sovranità Monetaria deciderà quanta moneta produrre in base alle necessità, ma se deve acquistarla e restituirla con maggiorazioni a qualcuno, allora si che lo Stato fallisce.

In sintesi, la Sovranità Monetaria è un presupposto al naturale esercizio della gestione del creato, che l'uomo adotta come strumento di gestione economica. Perderla, prima ancora che un disastro economico e finanziario, è derogare colpevolmente alla dignità dell'Uomo, tradendone l'essenza.

Come detto, da molte parti sociali proviene un appello disperato affinché si riacquisti la dignità della Sovranità Monetaria.

Tuttavia Antropia ritiene che quello della Sovranità Monetaria, sia un falso problema, seppure ne condivide la necessità, attribuendole il valore antropologico appena definito.

Antropia considera l'energia, di cui è fatta ogni cosa (anche l'insalata che mangiamo è per larga parte frutto dell'energia: ci vuole energia per muovere i trattori per arare e seminare i campi, ci vuole energia per attivare le macchine per cogliere l'insalata matura, ci vuole energia per accendere i frigo per conservarla, ci vuole energia per trasportarla fino ai negozi, ci vuole energia per il registratore di cassa per venderla e comprarla, …), il presupposto di ogni ordine sociale da sempre, ed il poter disporre di essa e delle sue fonti, la leva attraverso cui esercitare potere.

Nell'antichità la fonte energetica erano gli schiavi. Si facevano guerre e si disumanizzavano le persone per avere gli schiavi per far grande uno Stato ed il suo potere. Poi venne il periodo in cui la fonte energetica delle persone ridotte in schiavitù non fu sufficiente per l'avvento delle macchine. L'esercizio del potere quindi si concentrò sulla prelazione delle fonti fossili di energia quali carbone, petrolio e gas. Ancora oggi gli equilibri politici e militari del mondo a ben vedere si fondano sul controllo dei giacimenti dei combustibili fossili.

Togliere le fonti di energia ad un popolo equivale ad annientarlo.

Acquisire il dominio delle fonti di energia, equivale a poter esercitare potere.

Oggi esiste la tecnologia diffusa ed a basso costo per poter produrre energia liberamente, con 2 conseguenze rivoluzionarie:

1.	combattere una visione del mondo deve gli uomini sono idoli a loro stessi e sottomettono altri uomini, dominando la produzione energetica attraverso guerre, politiche elitaristiche ed economie finanziarie perverse,

2.	attuare lo Sviluppo Responsabile, dando dignità e qualità alla vita ad ogni persona.

Tornando alla Sovranità Monetaria, è ora facilmente intuibile che conquistarla senza il presupposto dell'Indipendenza Energetica, non servirebbe a granché. Questo perché come Stato si avrebbe ancora la necessità di comprare fonti energetiche o direttamente energia da qualche altro Stato, che comprendendone l'importanza potrebbe sempre decidere di sfruttare questo elemento per sottomettere economicamente il suo cliente.

A poco varrebbe stampare quanta moneta si vuole per far fronte alla domanda di energia: uno Stato senza Indipendenza Energetica, e cioè senza la capacità di far fruttare il creato migliorando se stessi così come Dio ci ha chiesto, è uno Stato che non avrebbe la Sovranità Energetica, e non potrebbe *svilupparsi responsabilmente*, perché eterodiretto, sottomesso agli Stati venditori di energia.

Prima della Sovranità monetaria, viene l'Indipendenza Energetica, che ne è il presupposto:

o Presupposto antropologico: il denaro è solo uno strumento, che fluidifica l'economia cioè la scienza della gestione del Creato. Ma dare la dignità che compete all'Uomo, significa che ciascuno sia messo in condizione (ed a sua volta "metta" in condizione) di tendere al costante miglioramento di sé, perché immagine e somiglianza di Dio,

o Presupposto logico: a cosa servono i soldi se non ho l'energia per produrre beni e servizi da vendere e comprare?

o Presupposto politico: se si ha l'obiettivo, in seno alla cornice di valori come quelli che fondano Antropia, di dare dignità ad un popolo e cioè ad uno Stato, è fondamentale che nelle relazioni tra Stati, e tra Stato e cittadini esista il presupposto dello Sviluppo Responsabile.

o Presupposto economico: se l'economia è la gestione della propria casa, del proprio habitat, allora affinché si svolgano tutte le necessarie attività, ci si deve mettere in condizione di poter disporre di tutta l'energia, che l'habitat stesso mette a disposizione, senza depauperarlo deteriorandolo irrimediabilmente;

Antropia però persegue ed auspica un'Indipendenza Energetica che sia la somma della produzione di ogni singolo cittadino, famiglia, azienda, piuttosto che un'indipendenza energetica ottenuta unicamente da enormi investimenti e centrali governate dallo Stato o da aziende private, perché altrimenti si passerebbe da una sudditanza nei confronti di Stati esteri, ad una nei confronti del proprio Stato che decide per tutti come sfruttare il patrimonio comune, che invece appartiene a tutti e tutti hanno il compito di farlo fruttare.

Questi i motivi per cui il perseguimento dell'Indipendenza Energetica è antecedente, o al peggio parallelo, a quello della Sovranità Monetaria.

5 CONFLITTI DI INTERESSI

Si è detto della *responsabilità* e di come Antropia la intende: la capacità dell'Uomo di rispondere delle "cose" come bussola che orienta la volontà, ossia il dono che Dio ci ha fatto affinché compartecipassimo al miracolo della Creazione.

Si è detto anche di un equilibrio tra le varie attività dell'Uomo nell'amministrare il Creato, affinché lo si faccia perseguendo la dignità delle persone; equilibrio illustrato attraverso il modello Antropia che coniuga teoria e pratica con tradizione ed innovazione al fine di divenire il *meglio di sé*.

In questa cornice Antropia non concepisce i conflitti di interessi: se le istituzioni rappresentate dal modello prevaricano sulle altre e non concorrono unitamente ed equivalentemente a far divenire ogni Uomo al *meglio di sé*, allora non si instaura quell'equilibrio necessario al corretto Sviluppo Responsabile. In queste condizioni prendono il sopravvento delle negatività di tale portata che il conflitto di interessi di persone che ricoprono ruoli istituzionali è davvero il male minore.

Ma soprattutto va detto che nella concezione di Antropia il perseguimento di vantaggi personali che comportino svantaggi per la collettività, o l'uso personalistico del potere conferito da ruoli istituzionali, comportano un suicidio di chi mette in essere questi comportamenti, in quanto l'Uomo trova il suo sviluppo solo in una società feconda; quindi l'immediato ed apparente vantaggio individuale, tende a deteriorare l'habitat di chi lo persegue e di conseguenza anche l'individuo stesso ne pagherà le conseguenze.

Il gettonatissimo ricorso all'accusa di conflitto di interessi è una dinamica che tenta ingenuamente di arginare l'assurda mancanza di assunzione di responsabilità che l'attuale modello sociale adotta e persegue con ogni mezzo. Esso è frutto del relativismo, del non avere riferimenti valoriali certi ed in sostanza del non sapersi riconoscere ad immagine e somiglianza di Dio: identità che conferisce la Responsabilità individuale e sociale dell'agire.

Se al relativismo si somma la mancanza di sistemi giuridici in grado di sanzionare gli abusi dei ruoli istituzionali a discapito della collettività, ecco che come ultimo grido di dolore, l'uomo lancia l'accusa di conflitto di interessi.

Il conflitto di interessi non è la causa dei mali di cui soffriamo, anzi potrebbe esserne una soluzione.

Si prenda l'esempio di un Sindaco immaginario di uno degli oltre 8000 comuni italiani. Poniamo che si tratti di un comune, come la maggioranza, di circa venti mila abitanti. Con tutta probabilità questo Sindaco si troverà ad amministrare un territorio la cui economia si fonda su turismo ed artigianato (tra i principali settori economici italiani). La politica che questo Sindaco è chiamato ad impostare, congiuntamente a consiglieri e cittadini, sarà una serie di azioni le cui ricadute le avrà direttamente, sia in bene sia in male, probabilmente anche sulla sua piccola azienda o *bed&breakfast* o quella dei suoi parenti più prossimi. Quindi il conflitto di interessi è una cosa senza fondamento perché anzi l'interesse diretto delle persone nell'amministrazione del Creato e della relativa economia è il garante del buon funzionamento di essa.

È solo quando si considera lo Stato una realtà diversa dall'Uomo, e soprattutto quando non viene sanzionato debitamente il comportamento negativo, solo allora si verificano le condizioni che danno luogo al conflitto di interessi. Insomma è solo quando l'Uomo aliena sé stesso dalla gestione delle proprie cose, mancando di responsabilità, che si perseguono fini personalistici ed in conflitto con la collettività.

Ecco che torna valida la ricerca di Ruut Veenhoven: *se non siamo coinvolti non siamo felici, e se siamo scontenti agiamo egoisticamente erigendo noi stesi ad idoli.*

Ed ecco un ulteriore motivo del perché l'Indipendenza Energetica non deve essere elitaria.

Se ciascuno contribuisce, nella misura delle sue possibilità, alla produzione energetica necessaria al benessere comune:

o concretizza la pienezza dell'Uomo che si realizza in comunione di fratellanza,

o incrementa sensibilmente il proprio livello di soddisfazione e felicità, essendo coinvolto nel sistema e prendendo parte alle decisioni con *responsabilità,*

o pone basi solide ed ineliminabili ad un'economia in cui c'è spazio per ogni Uomo, famiglia e impresa, in uno Stato a Sovranità Monetaria, la cui centralità è la qualità della vita e la dignità delle persone e non istituzioni elitarie che si alimentano come parassiti alle spalle dei cittadini.

Il conflitto di interessi è quindi qualcosa che capita solo come conseguenza dell'atomismo sociale ed istituzionale che affligge l'attuale modello sociale. L'atomismo sociale è qualcosa di antinomico, un'aporia, insomma qualcosa di assurdo, una specie di paradosso: l'atomo è per definizione qualcosa di singolo, di non aggregato, quindi è da pazzi associargli un aggettivo come "sociale", eppure è proprio ciò che accade. L'uomo che non comprende né realizza la sua essenza, si distacca dagli altri uomini, pur vivendoci insieme. Persegue fini egoistici a discapito della collettività, non comprendendone gli aspetti di autolesionismo. Allo stesso modo, l'uomo che abusa di cariche pubbliche e sociali, per avvantaggiarsi singolarmente, è come un singolo all'interno della collettività: un'assurdità! Non può funzionare, anzi ne scaturiscono disastri per tutti.

Solo con queste premesse ha luogo il conflitto di interessi, esso quindi è una conseguenza, non una causa.

Viceversa, la sostanza del conflitto di interessi, cioè la capacità di influenzare aspetti della vita con i quali si ha a che fare, è in realtà una cosa normalissima, sana.

In un contesto dove l'Uomo persegue, con volontà e responsabilità, il *meglio di sé*, esso influenza il Creato; il conflitto di interessi diviene, quindi:

o coinvolgimento di interessi: le persone sono chiamate a coinvolgersi nell'economia, come gestione del Creato, per realizzare sé stesse; la conseguenza di questo, riscontra Veenhoven, è la felicità,

o convergenza di interessi: gli uomini hanno un'irriducibile vocazione sociale di fratellanza e comunione, che viene abdicata solo quando l'uomo tradisce sé stesso e si auto-idolatra. Una corretta convergenza di interessi di persone ed istituzioni, è l'unica strada verso il riconoscimento della dignità dell'Uomo. Il modello Antropia rappresenta anche graficamente questa dinamica di convergenza,

o compromissione di interessi: come facilmente si riesce a comprendere, l'origine del termine è *promettersi qualcosa con qualcuno*, e cioè la fiducia che s'instaura tra gli Uomini, quando riconoscono vicendevolmente la propria dignità. Ciò che connota l'attuale modello sociale è infatti la mancanza crescente di fiducia nell'altro, come nelle istituzioni.

Attraverso l'analisi del fenomeno dei conflitti di interessi, si comprende anche un altro aspetto: storicamente in Italia, come in occidente in generale, i partiti politici sono nati per un motivo e con una funzione.

Il motivo era la salvaguardia di un'ideologia che caratterizzava una parte *distinta e divisa* della società (da cui il termine *partito*).

La funzione era la garanzia dell'esistenza delle istituzioni e dello Stato, in quanto l'amministrazione diretta della politica da parte dei cittadini era impensabile, anche in regime di democrazia, per via del diffusissimo analfabetismo e conseguente bassissimo livello culturale. Insomma il cittadino, pur rappresentando lo Stato, non era in grado di governarlo ed amministrarlo, ed ecco che in sostegno di tale impossibilità, i partiti si ponevano tra cittadino e Stato per garantire l'esistenza di quest'ultimo, a vantaggio del primo.

Queste *2 cause* sociali della nascita del sistema partitico, sono state al contempo anche le cause della sua morte:

o coltivare interessi di parte non è nella natura dell'Uomo, che in questo modo disattende il mandato di un'economia in regime di condivisione,

o l'analfabetismo non lascia spazio al perseguimento del *meglio di sé* e, conseguentemente non avviene *"lo sviluppo di tutti gli uomini e di tutto l'Uomo"*.

Le condizioni che a metà dell'Ottocento hanno fatto nascere il sistema dei partiti politici che hanno creato l'humus per il conflitto di interessi, sono radicalmente mutate:

o appare chiaro a tutti, quanto i destini delle persone siano intrinsecamente legati, dove quindi la dignità dell'Uomo ha un evidente interesse circa le cose pubbliche,

o il livello culturale è enormemente cresciuto, anche se non parallelamente all'assunzione di responsabilità che da questo discende.

Il modello Antropia invita le persone, i movimenti culturali e politici e le imprese a rendersi consapevoli della responsabilità diretta che hanno nella gestione del Creato, tendendo al *meglio di sé*, ed avendo quindi un sostanziale coinvolgimento, convergenza e compromissione di interessi, di tutti.

Persone, movimenti culturali e politici ed imprese devono confederarsi, aprendosi al dialogo e confronto, attuando in quest'ottica il motto *"think global, act local"* per salvaguardare le identità culturali di ciascun gruppo di persone, senza smettere di perseguire il bene comune di uno Sviluppo Responsabile.

6 ANTROPISMO: UN CODICE ETICO

Ogni società si distingue dalle altre, nel tempo e nello spazio, per quel suo particolare e specifico modo di stare insieme, che più o meno liberamente, più o meno consapevolmente connota le persone ed i loro rapporti.

La definizione antropologica del termine cultura recita così: "uno specifico modo di pensare, sentire ed agire".

Ecco che quindi dalla cultura di una società, cioè il suo specifico modo di vivere, discende la sua etica.

L'etica non è altro che l'analisi del comportamento umano volta a definire ciò che viene ritenuto lecito o illecito, buono o cattivo, lodevole o deprecabile.

Il presupposto culturale ed antropologico di Antropia delinea, conseguentemente, il codice di comportamento individuale e sociale, ovvero il suo codice etico.

Il paradigma delle 3e3 definisce sinteticamente l'etica dell'Antropismo:

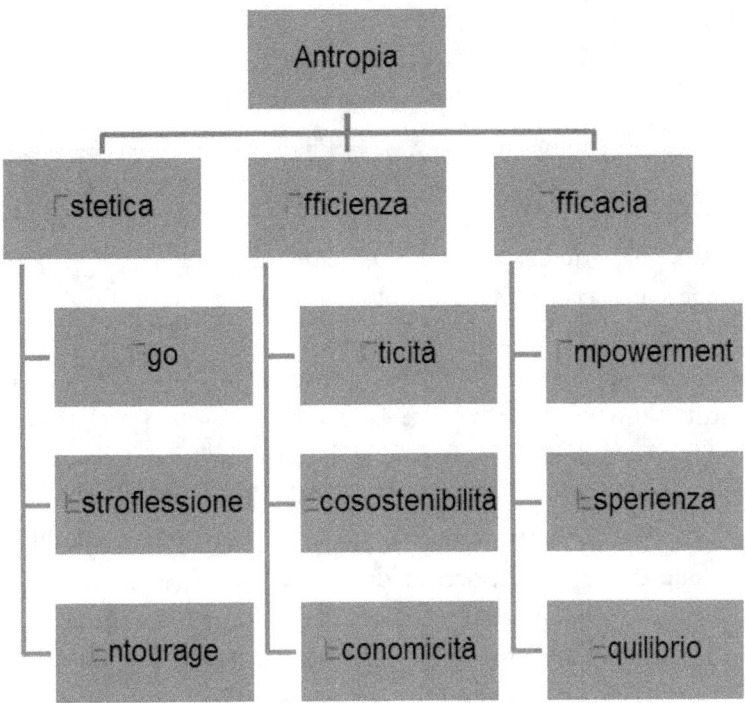

Dal momento che Antropia si fonda sulla Consapevolezza e Responsabilità dell'Uomo di custodire il Creato, il suo comportamento si fonda su:

• Estetica: essa è quella parte della filosofia che indaga sulla conoscenza derivante dall'uso dei nostri sensi. Lo stesso Papa Francesco delinea una fede in cui svolgono una parte importante proprio i sensi: *il vedere, l'ascoltare, il toccare...* (cfr Lf 37,40). I sensi infatti sono il modo in cui l'Uomo si rapporta col mondo, essi sono il ponte tra la nostra anima ed il Creato. A sua volta quindi l'estetica è composta da 3 aspetti: noi stessi, il modo di uscire da noi e infine chi ci sta intorno:

o Ego: ogni comportamento, attività e progetto, sia individuale che sociale deve interpretare le aspettative della persona nella sua dignità di essere umano, che ha come irriducibile diritto ed obiettivo primario quello del miglioramento del sé.

o Estroflessione: ogni comportamento, attività e progetto, sia individuale che sociale deve consentire alla persona di poter esprimere la propria cultura (modo di pensare, sentire ed agire).

o Entourage: Ego ed Estroflessione devono consentire alla persona di inserirsi nella cerchia di persone che caratterizzano la sua vita (famiglia, quartiere, lavoro, città, stato,...) in modo da raggiungere e/o consolidare il ruolo sociale che lo identifica.

• Efficienza: essa misura non soltanto, meramente, il rapporto tra costi e risultati di una qualsiasi attività dell'Uomo, ma anche, soprattutto, quanto i moventi alla cooperazione e fratellanza sono soddisfatti. Ci si deve preoccupare cioè della qualità della vita cioè del ben-essere e non del ben-avere. Le variabili dell'efficienza sono:

o Eticità: ogni comportamento, attività e progetto, sia individuale che sociale deve presupporre il rispetto di altri individui, nelle loro diverse espressioni culturali e nei loro diritti fondamentali.

o Ecosostenibilità: visto il mandato di compartecipazione alla cura del Creato, ogni produzione, distribuzione, utilizzo e lo smaltimento di un prodotto/servizio deve tendere ad un miglioramento costante del proprio impatto ambientale.

o Economicità: le attività dell'Uomo devono posizionarsi sui mercati di riferimento ad un prezzo equo e competitivo (che pur generando profitto da reinvestire, non siano frutto di sfruttamento di donne e uomini, né risorse ambientali) ed un'alta qualità (che garantiscano cioè ai destinatari sicurezza fisica, morale ed ambientale).

• Efficacia: questa è la misura di quanto si riesca a raggiungere gli obiettivi prefissati. Essa nasce dal mandato dell'Uomo di tendere al continuo miglioramento di sé, al fine di gestire il Creato; i suoi aspetti sono:

o Empowerment: deve essere apprezzabile un miglioramento e potenziamento delle attività dell'Uomo, rispetto al passato, in relazione al tasso di diffusione di ben-essere; cioè della potenzialità delle attività umane di coinvolgere persone disagiate (sotto ogni aspetto) per migliorarne la condizione esistenziale. Esso si ottiene anche tramite l'introduzione di innovazioni (tecnologiche, di utilizzo, del design, culturali, ...).

o Esperienza: di ogni attività, deve potersi sia simulare l'esperienza di utilizzo, in modo da percepirne in prima persona i vantaggi ed i benefici, sia beneficiare delle esperienze precedenti, attraverso condivisione e fratellanza.

o Equilibrio: ogni comportamento, attività e progetto, sia individuale che sociale deve essere il risultato di un equilibrio di performance tra tutti i precedenti fattori.

LS 81

Papa Francesco riconosce all'Uomo grande dignità, essa deriva dalla relazione che si ha col creato e quindi con Dio. Il codice etico dell'antropismo è un modo per dare seguito alle "capacità originali che trascendono fisica e biologia"

[...] Ognuno di noi dispone in sé di un'identità personale in grado di entrare in dialogo con gli altri e con Dio stesso. La capacità di riflessione, il ragionamento, la creatività, l'interpretazione, l'elaborazione artistica ed altre capacità originali mostrano una singolarità che trascende l'ambito fisico e biologico. La novità qualitativa implicata dal sorgere di un essere personale all'interno dell'universo materiale presuppone un'azione diretta di Dio, una peculiare chiamata alla vita e alla relazione di un Tu a un altro tu [...].

Volendo riportare graficamente il paradigma delle 3e3, si disegna un modello che rappresenta il ruolo che l'Antropismo svolge a garanzia della corretta attuazione del progetto di Sviluppo di Antropia; come in precedenza, il modello adotta il piano cartesiano, i cui assi rappresentano l'Uomo e l'Economia:

• La dimensione Umana che va dal livello di interiorizzazione della Cultura, consapevolezza "C", fino alla sua applicazione al quotidiano, responsabilità "R",

• La dimensione Economica che, partendo dalla fotografia attuale del mercato "M", arriva fino alla sua riprogettazione futura, che è l'innovazione "I".

LS 95

Questo modello etico è rivolto a quelle persone che non intendono più considerare l'economia qualcosa che si autoregola, qualcosa di staccato dal creato e che quindi non deve rispettarne le regole, qualcosa che non ha implicazione con la democrazia, intesa come collettiva assunzione di responsabilità sull'andamento delle cose.

Anche qualcun altro comincia a chiedersi se non sia il momento di dare significati nuovi a valori antichi

[...]L'ambiente è un bene collettivo, patrimonio di tutta l'umanità e responsabilità di tutti. Chi ne possiede una parte è solo per amministrarla a *beneficio di tutti. Se non lo facciamo, ci carichiamo sulla coscienza il peso di negare l'esistenza degli altri. Per questo i Vescovi della Nuova Zelanda si sono chiesti che cosa significa il comandamento "non uccidere" quando «un venti per cento della popolazione mondiale consuma risorse in misura tale da rubare alle nazioni povere e alle future generazioni ciò di cui hanno bisogno per sopravvivere».*

[...]

POST SCRIPTUM. ROMA, OGGI

I due modelli, quello generale di Antropia e quello operativo del suo codice etico, sono ovviamente sovrapponibili. Come detto in precedenza, quello che hai sotto il naso lo dai per scontato, magari commettendo delle leggerezze. Come è successo a me, nella prima stesura: non ho sottolineato la sovrapponibilità dei due modelli, forse ritenendolo scontato e palese. Che i due modelli siano sovrapponibili credo lo si noti in effetti con facilità, sia perché sono graficamente simili, sia perché rappresentano l'aspetto intellettuale/filosofico e quello operativo della stessa idea. Quali siano le implicazioni di questa sovrapponibilità, però non è così scontato. Colgo l'occasione di questo scritto per completare queste argomentazioni, arricchendole inoltre con quelle "contemporanee" dell'esortazione apostolica Evangelii Gaudium (ogni volta che penso che mentre io scrivevo Antropia, papa Francesco scriveva Evangelii Gaudium, mi appare una coincidenza così bella ed irripetibile…).

Nel modello generale/filosofico si pone il continuum logico Teoria – Pratica che si incrocia con quello Tradizione – Innovazione; in quello etico/operativo invece, quello di Cultura – Responsabilità si incrocia con il continuum Mercato – Innovazione.

Possiamo rappresentarli schematicamente in questo modo: dove il termine a sinistra è sempre l'aspetto filosofico/intellettuale e quello a destra il suo corrispettivo operativo.

Teoria - Cultura

Tradizione -   Innovazione –
Mercato   Innovazione

Pratica -
Responsabilità

Questo semplice schema rappresenta in maniera immediata, visiva quello che ho riportato nel Sommario a pagina 83. La possibilità di vivere in libertà e pienezza ha come sua forma sociale e politica la Democrazia. Infatti se l'attività politica è la Teoria del vivere insieme per gestire la nostra casa comune, il suo correlativo pratico è la Cultura: esse si influenzano vicendevolmente perché sono espressioni dell'Uomo non statiche, bensì vivono modificandosi di continuo nel Tempo. Cambiano le circostanze e l'ecclesia, l'insieme delle persone che vivono un determinato territorio, si confronta su tematiche sempre nuove, con l'obiettivo costante di contribuire al maggior benessere spirituale e materiale di tutti. Teoria e Cultura quindi sono proiettate al domani, al divenire delle generazioni e non all'immediatezza dell'egoismo, del qui, ora e cioè lo spazio fisico del vivere.

L'assemblea dei liberi cittadini che contribuisce alla gestione del creato si compone di ogni generazione, a partire dalla maggiore età, rappresentando anche le esigenze ed istanze dei minori. Questo comune albergare di sentimenti, esperienze ed espressioni culturali permette il tramandarsi della tradizione, cioè la somma degli usi e dei valori di un dato popolo che ogni generazione, riceve in eredità dalla precedente e che trasmetterà alla successiva dopo averne apportato le modifiche dettate dal Tempo che scorre, con le sue nuove circostanze. Si è parlato di come Pericle, ideatore e primo realizzatore del concetto di Democrazia, intendesse legate l'attività politica e quella economica. Il modello propone allo stesso modo, la Tradizione come aspetto intellettuale del confrontarsi in società e il Mercato, come luogo dove si attuano le idee. È infatti il frutto dell'opera dell'Uomo che gestisce il creato ad essere simbolo dell'operatività della Tradizione, ed il Mercato è il luogo dove si scambiano questi frutti, condividendoli. Il fatto che siano venduti e comprati certifica la bontà di questi "frutti" e cioè che la Tradizione è valida. È sempre il Mercato il luogo dove si evince come i prodotti debbano essere rinnovati e migliorati e come farlo. Questo accade perché infondo compratore e venditore hanno lo stesso obiettivo, quando l'accento è posto sul valore e non sul prezzo, mentre il prezzo è solo una convenzione utile per veicolare il valore. Ognuno di noi è sempre sia compratore sia venditore, al di là della transazione singola e specifica. Avendo presente tutto ciò, è facile intuire quindi come Tradizione e Mercato si sintetizzino nel concetto di solidarietà piuttosto che di competizione, in una parola semplice ma evocativa, di Unità.

La Pratica corrisponde al lavoro nel suo aspetto concettuale, filosofico. In questo caso può rientrare anche tutta la normativa vigente nei diversi paesi che tutela ed orienta i datori di lavoro ed i relativi lavoratori. Tutto ciò si traduce nella quotidianità della prassi che ciascuno di noi affronta nel prendersi cura di piccoli e specifici aspetti della cura della casa comune. Questo è il nostro compito e farlo bene significa essere responsabili. Dal grado in cui affrontiamo responsabilmente la nostra esistenza discende anche il grado di felicità e pienezza delle nostre vite. Questo perché essere responsabili significa non tradire ciò che siamo, forzando i significati dell'esistere individuale e del vivere in società. Non tradire la nostra vera essenza significa non cedere alla tentazione dell'Idea che spesso scade nell'ideologia. Cioè, in definitiva, al culto di sé stessi. Pratica e Responsabilità si sintetizzano nel fuggire dagli interessi di parte ed immergersi nella Realtà.

Nell'ultimo dei quattro poli, l'aspetto filosofico e quello pratico coincidono. Non deve stupire perché l'Innovazione, cioè la creatività e la concretezza dell'Uomo, sono ciò che ci rende immagine e somiglianza di Dio. In questo frangente, sia che ci si dedichi all'attività intellettuale, sia che poi la si concretizzi in attività pratiche, lo facciamo con una commistione di creatività e concretezza. Questa è la vera Innovazione! Pensate: cosa c'è di più innovativo di creare l'universo e le sue creature, compreso l'Uomo, dal nulla? E noi siamo chiamati, per infinito Amore, a proseguire quest'opera, custodendo e facendo crescere il Creato. Farlo con creatività e concretezza. Farlo perché siamo parte di questo Tutto meraviglioso. Guardare all'ambiente come casa comune, in questi termini, aiuta a superare la nostra finitezza di individui e ad assaporare la dolcezza del far parte di un Tutto così Divino.

Nella III sezione del capitolo quarto di Evangelii Gaudium, che si intitola Il bene comune e la pace sociale, ci sono 4 capoversi che hanno i seguenti sottotitoli:

222 - Il tempo è superiore allo spazio,
226 - L'unità prevale sul conflitto,
231 - La realtà è più importante dell'idea,
234 - Il tutto è superiore alla parte.

È incredibile!

Papa Francesco ed io, seguendo strade diverse, ma condividendo gli stimoli iniziali, sia, soprattutto, l'intento finale, abbiamo contemporaneamente, ciascuno all'oscuro dell'opera dell'altro, scritto idee sovrapponibili.

I miei modelli sono in definitiva una proposta concreta per cominciare a riprenderci il futuro.

Probabilmente tra tutte le generazioni, quella dei quarantenni è quella che si trova maggiormente colpita da questa miopia esistenziale che ci affligge. Ma riappropriarsi del futuro va a beneficio di chiunque. Inoltre avere quarant'anni oggi, oltre al lato negativo già detto, ne comporta anche uno vantaggioso. Siamo gli unici che hanno la forza e l'esperienza necessaria per cambiare la situazione. Le generazioni più anziane hanno l'esperienza ma mancano di energie. Quelle più giovani hanno energie da vendere ma non hanno esperienza. Infine le generazioni precedenti a noi pagano un prezzo minore in questa crisi, avendo già raggiunto benefici sociali consolidati o comunque vivendo su binari tutto sommato accettabili e dignitosi, quindi rassicuranti. Le generazioni dopo la nostra ancora non hanno completamente capito l'entità quantitativa e qualitativa di questa crisi e comunque a quell'età è comprensibile aspettarsi dai "grandi" almeno l'indicazione della direzione da intraprendere, se non un cambiamento vero e proprio. Siamo gli unici con una motivazione solida e forte per progettare e realizzare il cambiamento.

Tocca quindi a noi fare i padroni di casa. Ciascuno nel suo ruolo, ciascuno con i propri talenti ed inclinazioni, assumiamoci la responsabilità che comporta essere Uomini: rendiamo la nostra casa comune accogliente, per tutti!

RINGRAZIAMENTI

Già molti anni fa, certamente più di dieci, Maria Elena, mia sorella, e Luca Lucarelli, mio cugino, dicevano: < Ma perché non scrivi un libro? >, <Dovresti scrivere un libro!> e ancora <Uno come te, non può non scrivere...>. Che vorrà dire, poi, "uno come te"?

Comunque, il libro l'ho scritto. In tutti questi anni non ho mai capito perché ritenessero che avrei dovuto scrivere un libro. Non me lo hanno mai detto ed a me sembrava quasi dicessero tanto per dire. Diverse volte avevo stazionato ore intere di fronte ad un foglio (file) bianco. Qualche riga, mai più di una pagina. Se non ci fossero stati i pc, il cestino di fianco alla mia scrivania sarebbe stato ricolmo di pallette di carta straccia: tutti i tentativi di scrivere assolutamente insoddisfacenti, almeno per me. Il principale ostacolo è sempre stato: cosa scrivo? Per chi?

Non avevo la modella né l'ispirazione, quindi cosa avrei dovuto dipingere?

Per questo, maledicendo il momento in cui avevo (ri)dato retta a chi mi diceva di scrivere, rimandavo in soffitta questo intento. Dentro di me però sapevo che ne avevo voglia. Ma non trovavo le circostanze ideali: ispirazione, motivazione, oggetto, destinatario.

Forse, semplicemente, non avevo il coraggio.

Ebbene, vi ringrazio. Perché mi avete ricordato, negli anni, cosa mi sarebbe piaciuto fare. Avete tenuto viva una fiammella, dentro me, che poi è finalmente divampata. Voi mi avete sempre detto di scrivere un libro; non so se questo è un libro. Io però ho scritto. Non so neanche se vi interesserà né tantomeno se vi sarà piaciuto leggerlo. Ad ogni modo, grazie per aver creduto in me.

Nel 2006 conobbi una persona. Faceva il montatore in ambito cinematografico. Sapevo vagamente che esisteva il "montaggio" cinematografico, ma mai mi ero soffermato su come funzionasse esattamente quel lavoro. Attraverso di lui, imparai a conoscere l'importanza di quell'attività dietro le quinte. Vidi quanto tempo, quante riflessioni e quale professionalità sono necessari per rendere il materiale "girato" un film vero e proprio. E poi, insieme al montaggio, la postproduzione: tutta quella serie di effetti, visivi e sonori, che rendono le registrazioni semplici, un prodotto internazionale, in grado di influenzare la cultura e l'immaginario collettivo, come un film che vince il premio Oscar. Quella persona si chiama Alessio e con la sua personalità accattivante e la sua simpatia travolgente mi ha fatto appassionare all'arte del montaggio.

Da quel momento in poi, mi chiesi spesso se fosse possibile adottare quelle tecniche anche alla scrittura. Anzi, mi chiedevo proprio come avrei potuto fare a scrivere un libro, raggiungendo un obiettivo che avevo immaginato ai tempi dell'università.

In quegli anni, gli anni '90, si andava affermando sempre di più l'utilizzo del personal computer e si diffondeva, timidamente rispetto ad altre parti del mondo, il desiderio di essere connessi al web: il fantastico e sconfinato mondo di Internet. Questo mondo era ricco di ipertesti, link, collegamenti. Una delle innovazioni rivoluzionarie di Internet è stato proprio scardinare la linearità della parola scritta. Fino a quel momento, per migliaia di anni, l'Uomo aveva sempre concepito la parola scritta come lineare.

Prima ti racconto chi sono, poi ti dico dove ho studiato e quali sono i miei amici, quindi ti racconto che lavoro faccio.

Con l'ipertesto non è più così: ti racconto immediatamente cosa faccio, ma alcune parole le rendo cliccabili, in modo che, se si desidera, si possono approfondire alcuni argomenti.

Incredibile! Il continuum lineare di un testo, viene disarticolato ed arricchito da mille affluenti, ai quali si accede solo volontariamente.

La cosa mi parve da subito ottima, rivoluzionaria e democratica. Anche democratica, sì! Perché abbatteva in un attimo la tirannia dello scrittore. Quella capacità, cioè, di cui un autore di testi gode e che si concretizza nella possibilità di obbligare il lettore a seguire un ordine preimpostato. Non si può, con i testi classici, scegliere la strada della conoscenza che maggiormente si adatta al proprio approccio ed esigenze. Bisogna per forza leggere, comprendere ed imparare prima pagina 54 e, solo dopo, pagina 55. Banale quanto volete, ma è per forza così. Non si scappa.

Su internet no: là ci sono gli ipertesti e se vuoi approfondisci se non vuoi no, e lo fai nell'ordine che ti viene meglio.

In quegli anni, essendo studente, leggevo tonnellate di pagine scritte con la logica classica: la linearità testuale. E spesso mi trovavo insoddisfatto da questo supporto alla conoscenza che è il libro classico. Ero sempre io a dovermi adattare a lui. Mai il contrario. Fui davvero sollevato dall'avvento di internet con i suoi ipertesti. Osai allora immaginare addirittura quella che definii la scrittura globale. La possibilità cioè di fruire di conoscenza in modo circolare ed n-dimensionale. Ogni mattoncino di conoscenza (supponiamo una frase a sé stante, un periodo o a volte addirittura una parola) può essere approcciato ed interiorizzato con l'ordine dettato dalle specifiche necessità d'apprendimento che a seconda delle circostanze, ciascuno può avere; decostruendo la linearità imposta di un testo classico, in favore di una circolarità sia dei concetti che del tempo cui accedervi.

Non feci mai nulla per improntare esempi di questa mia idea. Avrei voluto trovare la pappa pronta: mi sarebbe stato davvero comodo avere un corpus di conoscenza organizzato in questo modo innovativo per affrontare uno specifico esame, all'università. Ma non ho mai avuto la motivazione tale da organizzare io qualcosa in questo modo per qualcun altro. E poi non sapevo come fare. Mi venne in mente l'effetto finale, ma il modo per ottenerlo, no.

Aver conosciuto Alessio mi fece timidamente pensare che forse se fossi riuscito ad adattare la logica del montaggio ad un testo, si sarebbe potuto ottenere la scrittura globale, o quanto meno, qualcosa che consentisse di fruire di contenuti in modo da non essere obbligati a seguire il *contunuum* logico temporale imposto dallo scrivente.

Nel 1994 rimasi colpito in maniera profonda ed indelebile dal nuovo linguaggio cinematografico che Quentin Tarantino proponeva con Pulp Fiction. Attraverso un montaggio geniale, riuscì a far diventare una storiella noir un capolavoro di Hollywood. Provate ad immaginare lo stesso film, montato linearmente, come un libro classico. Seguendo fedelmente l'ordine logico-temporale degli eventi su cui le scene si basano. Non ci sarebbe stato nulla di eccezionale.

Ecco io volevo dare allo scrivere, come fonte sia di conoscenza/apprendimento che di divertimento e ricreazione, lo stesso approccio. Anzi volevo addirittura andare oltre: avevo in mente un testo di cui potevi leggere ciascun capitolo in qualsiasi ordine, perché comunque se leggevi tutto il libro, ottenevi lo stesso effetto, anzi amplificato avendo seguito il tuo iter mentale e non quello dell'autore.

Non volevo però in questo modo perdere quella connotazione particolare che lo stile dello scrittore conferisce ai propri scritti. Infatti chi legge, a volte, abdica volentieri la propria libertà di conoscere in favore di ciò che propone e come viene fatto da un particolare autore, di cui ci si fida ed a cui ci si vuole abbandonare.

Ecco perché pensai al montaggio cinematografico: la forma d'arte cinematografica consente la trasposizione del proprio stile al materiale girato e poi di montarlo con una logica specifica. Allo stesso modo desideravo produrre uno scritto che avesse la mia impronta, ma che fosse globale, concedendo al lettore il suo spazio-tempo. In fondo a me basta la dichiarazione del suo intento. Mi basta cioè che scelga di conoscere ed intrattenersi con un mio testo. È un eccesso di vanità ed autoreferenzialità aspettarsi che qualcuno scelga di "conoscere" attraverso uno strumento creato da altri, subendone anche i ritmi temporali ed i nessi logici. La cronologia dell'apprendimento e della conoscenza è un fatto intimo. Riconoscendo questa peculiarità dell'individuo, lo si eleva rispettandolo ed inoltre si apre lo spazio ad una conoscenza intuitiva e personalizzata che risulta di gran lunga maggiore, quantitativamente e qualitativamente, di qualsiasi altra. Da questo discende certamente un approccio più responsabile, perché da un modo di apprendere più intuitivo e personalizzato non può discendere un atteggiamento distaccato e superficiale nei confronti della vita e della società.

Tra il dire ed il fare, c'è di mezzo il mare. Come poter realizzare tale scrittura globale?

La postproduzione in letteratura c'è sempre stata: viene chiamata *labor limae.* Si tratta di un modo di dire latino che significa letteralmente lavoro di lima. Viene richiamato il lavoro del falegname per evocare la forza creativa dell'artigiano che al termine della sua opera, desidera rifinirla, smussando le asperità e conferendo al frutto del suo ingegno e della sua fatica un aspetto estetico impeccabile. Si controlla l'ortografia, la sintassi. Si aggiungono figure retoriche. Si controlla che il l'insieme delle righe abbia il "ritmo" giusto. Insomma, si fa una revisione generale e si aggiunge un tocco di maquillage, che non guasta mai.

Il montaggio, però, quello non lo fanno tutti. E soprattutto gli esempi che ci sono, per lo più rappresentano un modo di presentare le storie, un modo di intrattenere, creando *suspance*, piuttosto che un tentativo di scrittura globale.

Onestamente, ho riletto ed "aggiustato" centinaia di volte il mio scritto, ma non credo ancora di aver raggiunto il mio obiettivo. È solo un primo tentativo. Come tale va approcciato. Ma ringrazio di cuore Alessio Borgonuovo per avermi dato lo stimolo tecnico ed artistico per realizzare una cosa che desideravo fare da oltre vent'anni. Ti prometto che ci proverò altre volte, cercando sempre di migliorare l'effetto.

Ringrazio Daniele Bertello per aver dedicato il suo tempo e la sua preparazione alla revisione del testo. Nella speranza che questo libro possa giovare anche ai suoi progetti imprenditoriali, lo ringrazio infinitamente.

Ringrazio inoltre, pur non conoscendoli di persona, Frederick Forsyth e Jeremy Rifkin. Il primo, romanziere inglese di grande successo, perché mi ha insegnato l'arte dello scrivere, giungendo all'essenzialità geniale, propria solo di alcuni artisti, nel romanzo Il vendicatore. In quell'opera Forsyth riesce, senza dilungarsi in eccessi barocchi, a restituire al lettore un'avventura eccezionale. Non spreca una lettera, ogni parola contribuisce impeccabilmente all'effetto di rapire, coinvolgere ed emozionare il lettore. Lo ringrazio perché, seppure involontariamente, ha influenzato il mio stile ed ispirato questo mio scritto, cercando l'essenzialità delle cose. Il secondo, economista e saggista statunitense, perché mi ha insegnato con i suoi testi, che nessun argomento è mai troppo complesso da raccontare. Inoltre perché con il suo libro intitolato Entropia ha contribuito grandemente alla nascita delle mie idee su società ed economia.

Infine, oltre ad essere la mia musa ispiratrice, ringrazio mia moglie Veronica che ha quotidianamente dovuto sostenere con me un confronto in merito agli argomenti del libro. Oltre ad indicarmi quali punti dei ragionamenti fossero eccessivamente inestricabili, Veronica ha accolto i miei sfoghi emotivi, i miei cali di concentrazione e, tal volta, perfino le derive motivazionali. La sua presenza accogliente e rassicurante è stata determinante nella stesura di questo scritto, non solo per l'ispirazione iniziale, ma, direi soprattutto, per il supporto che ogni giorno mi riserva, da sempre. Grazie Amore mio!

APPENDICE
IL CASO DELLA CINA

Il caso della Cina meriterebbe di essere anche *solo* citato per 2 motivi: è il paese che ospita il maggior numero di uomini: quasi 1,4 miliardi e cioè il 19% della popolazione mondiale. Vale a dire che un essere umano su cinque è cinese. Inoltre da anni l'economia cinese si presenta come rampante ed ambiziosa, utilizzando una quantità di energia enorme, con relativi danni all'ambiente. Basterebbe quindi questo a cogliere l'attenzione, tuttavia il motivo vero per cui ritengo necessario completare questo scritto con un'appendice dedicata alla Cina discende dai fatti di cronaca economica di questa estate 2015. Da anni l'economia cinese spaventa altre economie territoriali. I motivi sono diversi e vanno dallo sfruttamento a bassissimo costo della manodopera fino all'emissione di moneta da parte dello Stato, a tassi prossimi a zero. La maggior parte di questi interventi sono volti a realizzare opere ed imprese con l'obiettivo nazionalistico, quindi egoistico, ideologico e poco globale, di affermare la propria presenza sullo scenario politico ed economico internazionale, facendone sentire tutto il peso. Tuttavia un'analisi socio-economica completa del *gigante addormentato*, che oramai è ben sveglio da anni, supera l'obiettivo del libro.

La notizia della svalutazione della moneta cinese da parte del governo unitamente alle nuove politiche energetiche varate, invece sono perfettamente a tema.

Per quanto riguarda il primo argomento, il massimo del conflitto che si crea tra il concetto di *prezzo* e quello di *valore* è ciò che si verifica quando la finanza speculativa cede ai propri deliri di onnipotenza. La finanza è di per sé il regno dei prezzi e delle influenze psicologiche individuali e socio-politiche su quest'ultimi. La finanza, attraverso le Borse mondiali, crea il massimo del non-valore tramite la creazione di prodotti come alcuni titoli borsistici che non hanno nessun legame con la realtà della produzione economica (avrete sentito nominare i famigerati titoli *subprime*): sono solo scambi di denaro, quindi prezzi non corrispondenti a nessun prodotto né servizio, che vanno oltre la normale convenzionalità dell'astrazione numerica dei prezzi, sconfinando oramai troppo spesso e sempre in maniera così devastante nella più totale egoistica insaziabile fame di denaro di banche ed operatori del settore scellerati. Molto spesso i giornali ed i notiziari raccontano di un *bolla finanziaria*: questa dicitura esprime perfettamente l'impalpabilità della finanza speculativa, che non ha diritto di definirsi strumento economico, essendo il più distante possibile dalla creazione di valore attraverso la gestione e la cura del creato. Dal denaro e dal suo prezzo non è possibile creare ricchezza, se non in maniera effimera e truffaldina, alle spalle di piccoli risparmiatori. La ricchezza, cioè il benessere dell'Uomo, può in definitiva derivare unicamente da un economia sana che si occupa di *produrre* a partire dalla realtà del pianeta e distribuire equamente i suoi frutti. Apprezzare la moneta, cioè darle convenzionalmente un valore maggiore, così come fa la Cina da molti anni, per poi svalutarla bruscamente come in queste ultime settimane è l'innesco della bomba distruttiva delle crisi finanziarie. Come successe tra il 2008 ed il 2009 negli USA, *creare moneta dalla moneta* porta inevitabilmente a dover spendere questa quantità di moneta non legata a reali servizi e prodotti. Come negli USA, anche in Cina, queste montagne di denaro effimero sono state convogliate dalle banche nel mercato immobiliare, attraverso i piccoli risparmiatori. Ma se il denaro diverge dal valore reale, è come la coperta di Paperino: se tiri da una parte scopri l'altro lato del corpo. Le bolle scoppiano in fretta! Quantità immense di denaro fittizio condividono con le bolle di sapone e le statue di ghiaccio al sole la caratteristica di essere effimeri oltre ogni dire. Nel caso delle bolle di sapone dei bambini e delle statue che alcuni artisti creano da blocchi di ghiaccio, l'essere effimero è ciò che ne conferisce valore, per via della leggerezza che tipicamente contraddistingue il gioco, il divertimento e l'intrattenimento. Ma introdurre l'effimero nell'economia è un delitto. È il modo di disprezzare, umiliare e mortificare nel modo peggiore il creato, a partire dall'Uomo.

Il secondo argomento che lega la Cina a questo libro è la notizia che in soli due anni (2013-2014) il paese è passato da una produzione di energia elettrica attraverso il solare fotovoltaico di 3,6 Gigawatt a 14. Un incremento enorme. Ad opera unicamente del Governo. Quindi, sebbene la notizia abbia dei risvolti positivi (effettive minori emissioni inquinanti), in realtà denuncia l'atteggiamento illiberale dello Stato: centralizzare lo sfruttamento energetico, nuovamente attraverso politiche monetarie.

Non c'è spazio per l'individuo, nessuna crescita, nessuna libertà.

Il capitalismo crea ricchezza per pochi non sapendola né volendola ridistribuire (attraverso il razionamento di moneta ed energia); di contro, il socialismo vuole, in teoria, assicurare a tutti i benefici materiali e non-materiali dell'economia, ma non valorizzando l'individuo, esso non si responsabilizza e si finisce col mortificare la creatività e la ricerca del miglioramento. Questo determina una scarsa capacità di gestione delle risorse e la loro relativa redditività.

La Cina si pone a metà strada tra i due modelli che hanno segnato il passo ormai da tempo. Tuttavia non propone uno schema economico innovativo per migliorare i difetti di entrambi, bensì adotta quanto di peggio hanno da offrire i due modelli, come finanza speculativa, politiche monetarie scollate dal valore reale, depauperazione delle risorse ambientali, uso intensivo di agricoltura e allevamento, mancanza di autodeterminazione dei cittadini.

L'OCSE (Organizzazione per la Cooperazione e lo Sviluppo

Economico) è un'organizzazione internazionale con sede a Parigi che promuove gli studi economici. L'OCSE conta oltre trenta paesi membri, in larga parte Stati Europei, compresa l'Italia, ma anche paesi come Canada, USA, Giappone, Messico, Australia, Nuova Zelanda. Alcuni anni fa quest'organizzazione promosse e divulgò il concetto di *decoupling*: da sempre la crescita economica va di pari passo con lo sfruttamento eccessivo delle risorse ambientali e l'inquinamento. Sembrava (e sembra tutt'ora) un postulato ineliminabile. Non è così! L'OCSE ha il merito di aver promosso e stimolato la creatività degli stati per inventare ed attuare strategie di sviluppo che *disaccoppiassero* i due fenomeni collegati. In modo che al crescere del benessere economico non corrispondesse in misura proporzionale una crescita dell'inquinamento. Tuttavia l'OCSE non ha mai collegato la crescita economica al tasso di partecipazione democratica al governo del paese ed al grado di contribuzione del singolo alla produzione energetica. Il problema è proprio questo, in Cina come ovunque.

Non che le altre economie mondiali non inquinino, ma la massa critica e la velocità di crescita della Cina, ne fanno un *inquinatore* eccezionale. Guarda caso, a questo dato corrisponde quello di un'attenzione alla dignità umana ed all'individuo molto bassa. Ed infatti il dato dell'incredibile crescita della produzione energetica da fonti rinnovabili in Cina, deriva da un aumento della centralizzazione del potere del governo sulle politiche energetiche del paese, cosa che impedisce l'aumento di responsabilità individuale, il suo tendere a migliorarsi e di conseguenza il tasso di felicità. A riprova di ciò, uno studio pubblicato nel 2012 da Richard Easterlin, professore dell'università della California del Sud, rivelò che la Cina negli ultimi vent'anni era cresciuta moltissimo come ricchezza monetaria, tuttavia le persone erano sostanzialmente *tristi*. E ancora, il rapporto ONU sulla felicità presentato ultimamente ha preso in considerazione 158 paesi: la Cina non compare tra i primi 100.

Una volta qualcuno mi disse di notare la qualità ed il livello di igiene dei bagni di una determinata istituzione (un'università o un'azienda) per capire quanto questa investa sulla componente umana. Adottando la stessa logica, è possibile valutare quanto un sistema sociale sia predisposto alla libertà ed allo sviluppo individuale da come usa le risorse ambientali ed in particolare da come produce l'energia. Tanto maggiore è l'abuso del creato, tanto minore è l'attenzione rivolta alla dignità del singolo. Anzi: tanto l'Uomo tradisce se stesso negandogli la dignità, tanto conseguentemente non sarà in grado di gestire e far fruttare in maniera responsabile il patrimonio dell'ambiente.

Il caso della Cina è esemplare di questa dinamica, che va scardinata al più presto, attraverso l'impegno concreto e quotidiano di ciascuno. Non voglio dire che la Cina sia peggiore di altri Stati, in questo aspetto. Tuttavia, come detto, la sua dimensione e la sua popolosità la rendono più evidente che non altri paesi. Inoltre il caso della Cina evidenzia perfettamente come la sola Sovranità Monetaria non basti; così come non basta una ricerca dell'Indipendenza Energetica attraverso l'incentivo delle rinnovabili, se questa non vede il coinvolgimento diretto di ciascuno dei cittadini. Infatti, l'equazione sociale del paese non è bilanciata per niente, come ci riportano i giornali in queste settimane. Ma solo la Sovranità Monetaria con politiche monetarie che riconoscano la differenza tra prezzi e valore, dando la priorità a quest'ultimo, insieme all'Indipendenza Energetica, diffusa e non centralizzata, sono in grado di garantire democrazia e libertà, attraverso l'assunzione di responsabilità di tutti i cittadini, coinvolti nella gestione quotidiana del creato. Questo, infine, causa un innalzamento del tasso di felicità, come ci insegnano le ricerche citate, prime fra tutti quelle del sociologo olandese Ruut Veenhoven, in quanto, in sostanza, ciò che determina il livello di felicità dell'Uomo è il suo grado di adesione alla sua vera natura: prendersi cura del creato in regime di fratellanza, aspirando ad un continuo miglioramento.

L'AUTORE

Alessandro Ferlosio nasce a Roma l'11 ottobre 1975, secondo di tre figli. Completa gli studi classici nel 1994 e si iscrive alla Facoltà di Scienze Forestali all'Università *la Tuscia* di Viterbo. Dopo un paio di anni, decide di lasciare quella facoltà, non riconoscendosi più in quella scelta. Dopo aver assolto agli obblighi di leva ed aver fatto esperienza come animatore presso villaggi turistici, si iscrive alla facoltà di Sociologia presso l'università *la Sapienza* a Roma. Tra il giugno 1999 ed il febbraio 2001 completa tutti gli esami previsti dal corso di studi. Alessandro inizia a lavorare come formatore aziendale e compila una tesi sperimentale, descrivendo 2 percorsi formativi cui partecipa come tirocinante. Successivamente, grazie alla formazione, diventa, prima progettista e poi valutatore di sistemi di qualità. Durante la sua carriera, Alessandro eroga formazione in aula per oltre 12 mila ore, ad aziende multinazionali come Nokia. La crisi economico-finanziaria cominciata nel 2008, diminuisce progressivamente il parco clienti di Alessandro, che decide, nel 2015, di dedicarsi alla scrittura di saggi. Nel 2006 conosce Veronica con la quale si sposa nel 2008. Nel 2009 nasce Sara.

www.ingramcontent.com/pod-product-compliance
Lightning Source LLC
Chambersburg PA
CBHW071346280526
45787CB00001B/234